Der heilige Tempel von Jerusalem

Der heilige Tempel von Jerusalem

Chaim Richman

hänssler

The Temple Institute & Carta, Jerusalem

Published 1998 by Carta, Jerusalem

Entwurf: Alex Berlyne

Illustrationen: The Temple Institute, Jerusalem
Maler: Dmitry Baranovsky, George Berdichevsky, Shmu'el Lior, Leah Molokandov, Michael Putilov, Zeli Smekhov, Grigory Vechlis
Handwerker: Gadi Nataf and Chaim Odem (goldene und silberne Gefäße), die Familie Harrari (Musikinstrumente)
Fotograf: Ya'acov Harlap

Rekonstruktion auf Seiten 92–3: Linn Ritmeyer

Karten auf Seiten 8, 9, 91: Carta, Jerusalem

Bestell-Nr. 392.782
ISBN 3-7751-2782-8

Übersetzt von CARTA, Jerusalem / C. Dern
Titelabbildungen: The Temple Institute, Jerusalem
Umschlaggestaltung: Daniel Kocherscheidt

Satz: CARTA, Jerusalem
Druck und Bindung: CANALE, Turin

Printed in Italy

Inhalt

Einleitung

An der Schwelle zum dritten Jahrtausend feiert Jerusalem den 3000. Jahrestag der Inthronisation König Davids, der in seiner Regierungszeit Jerusalem zu einer jüdischen Stadt gemacht hat. Seit der Zerstörung des zweiten Tempels durch römische Legionen sind fast 2.000 Jahre vergangen. Trotz der langen Zeit des weltweiten Exils der Juden ist Jerusalem der Ort ihrer Sehnsucht und der Brennpunkt des Judentums geblieben.

Diese Sehnsucht hat ihren Ursprung in den Worten des Propheten Jesaja: "Es wird zur letzten Zeit der Berg, da des Herrn Haus ist, fest stehen, höher als alle Berge und über alle Hügel erhaben, und alle Heiden werden herzulaufen, und viele Völker werden hingehen und sagen: Kommt, lasst uns auf den Berg des Herrn gehen, zum Hause des Gottes Jakobs, dass er uns lehre seine Wege und wir wandeln auf seinen Steigen! Denn von Zion wird Weisung ausgehen und des Herrn Wort von Jerusalem." (Jesaja 2,2–3)

Der Glaube, dass der Tag kommen wird, an dem die ganze Welt in Harmonie leben wird, sieht in Jerusalem das geistige Zentrum der Menschheit. Obwohl sich diese Prophetie auf das Ende der Tage bezieht, wenn sich alles in seiner Gesamtheit erfüllt haben wird, verwirklichte sie sich teilweise bereits in der damaligen Zeit. Der erste von König Salomo erbaute Tempel (siehe linke Abbildung) wurde weithin als eines der großen Wunder der Welt anerkannt und die Epoche des zweiten Tempels war eine goldene Zeit dank der Lehren großer Führer. Zu jener Zeit, als Herodes König war, wurden die Gelehrten Israels dazu veranlasst auszurufen: "Wer den von König Herodes erbauten Tempel nicht gesehen hat, hat noch nie in seinem Leben ein schönes Bauwerk gesehen." (BT *Sukkah* 51:B).

Jerusalem ist nicht nur ein historischer Ort, sondern eine Idee. Denn der Dienst im heiligen Tempel sollte nicht weniger als für die ganze Menschheit eine Möglichkeit zur Sühne sein. Die Fürsorge der Priester und Leviten, die Beteiligung der Israeliten, die Pilgerwanderungen fremder Nationen, die Opfer, das Räucherwerk, die Schaubrote, die Menora und der Gesang der Leviten ... alles einzelne Noten in der Harmonie der göttlichen Orchestrierung. Innerhalb dieses heiligen Tempels vereinen sich alle Kräfte um denjenigen, der sie alle ins Leben gerufen hat, als den Einzigen, der die höchste Kraft ist, anzuerkennen, der das Universum regiert. Einer der wichtigsten Grundsätze des jüdischen Glaubens ist der, dass der Mensch die Fähigkeit besitzt, in einer direkten, ständigen und erfüllten Beziehung zu seinem Schöpfer zu stehen. Die Erinnerung an diese Beziehung und der Traum ihrer Erneuerung lassen das Feuer des Tempelaltars im Herzen des Volkes Israel und im Herzen der Menschen, die Gott und seine Botschaft der Menschlichkeit ehren, weiter brennen. Eine Legende erzählt von Napoleon, dass dieser einst am 9. Av, dem wichtigsten Fastentag der jüdischen Gemeinde, der an die Zerstörung des Tempels erinnert, in eine Synagoge kam. Als dieser nun die Juden auf dem Boden sitzen sah, während sie Klagelieder beteten, fragte er nach der schrecklichen Katastrophe, die jene heimgesucht habe. Ihm wurde geantwortet: "Die Juden trauern um ihren Tempel." "Um welchen Tempel? Wann geschah dies?", fragte er. Nachdem der Kaiser vernommen hatte, dass die Juden schon länger als 1.700 Jahre über die Zerstörung des Tempels in Trauer seien, bemerkte er: "Solch ein Volk wird niemals ausgerottet werden! Wenn sie immer noch um ihren Tempel trauern, wird er einst wieder errichtet werden."

König David ist der Verfasser von Psalm 30. Er ordnete an, dass die Leviten diesen Psalm bei den Einweihungsfeierlichkeiten von Salomos Tempel singen sollten. Manche sind der Ansicht, dass er auch bei den Einweihungsfeierlichkeiten des zweiten Tempels gesungen wurde und auch anlässlich der Einweihung des dritten Tempels gesungen werde:

"Ein Psalm Davids, ein Lied zur Einweihung des Tempels. Ich preise dich, Herr; denn du hast mich aus der Tiefe gezogen und lässest meine Feinde sich nicht über mich freuen. Herr, mein Gott, als ich schrie zu dir, da machtest du mich gesund. Herr, du hast mich von den Toten heraufgeholt; du hast mich am Leben erhalten, aber sie mussten in die Grube fahren. Lobsinget dem Herrn, ihr seine Heiligen, und preiset seinen heiligen Namen! Denn sein Zorn währet einen Augenblick und lebenslang seine Gnade. Den Abend lang währet das Weinen, aber des Morgens ist Freude. Ich aber sprach, als es mir gut ging: Ich werde nimmermehr wanken. Denn, Herr, durch dein Wohlgefallen hattest du mich auf einen hohen Fels gestellt. Aber als du dein Antlitz verbargest, erschrak ich. Zu dir, Herr, rief ich, und zum Herrn flehte ich: Was nützt dir mein

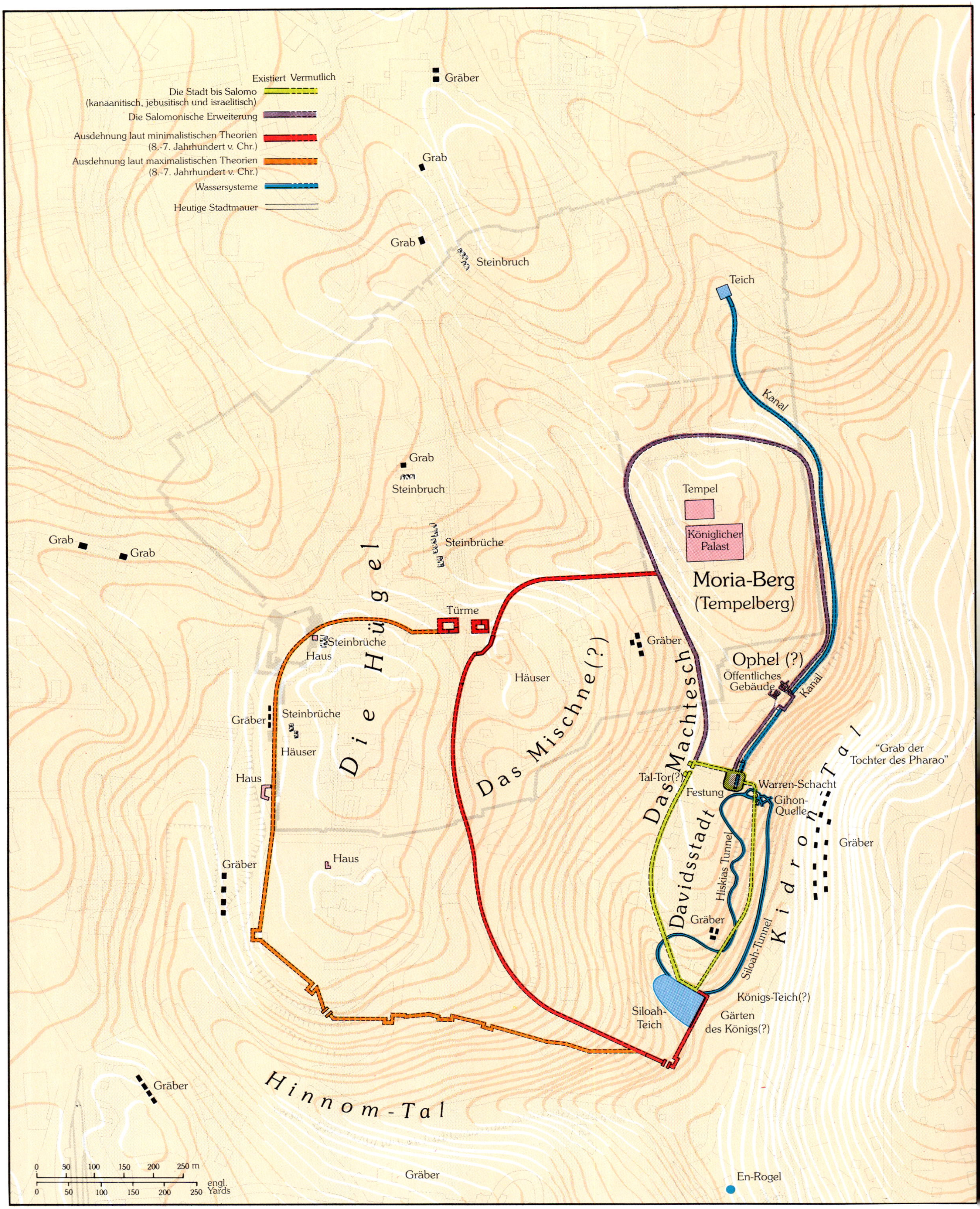

Landkarte von Jerusalem zur Zeit des ersten Tempels (oben) un Jerusalem zur Zeit des zweiten Tempels.

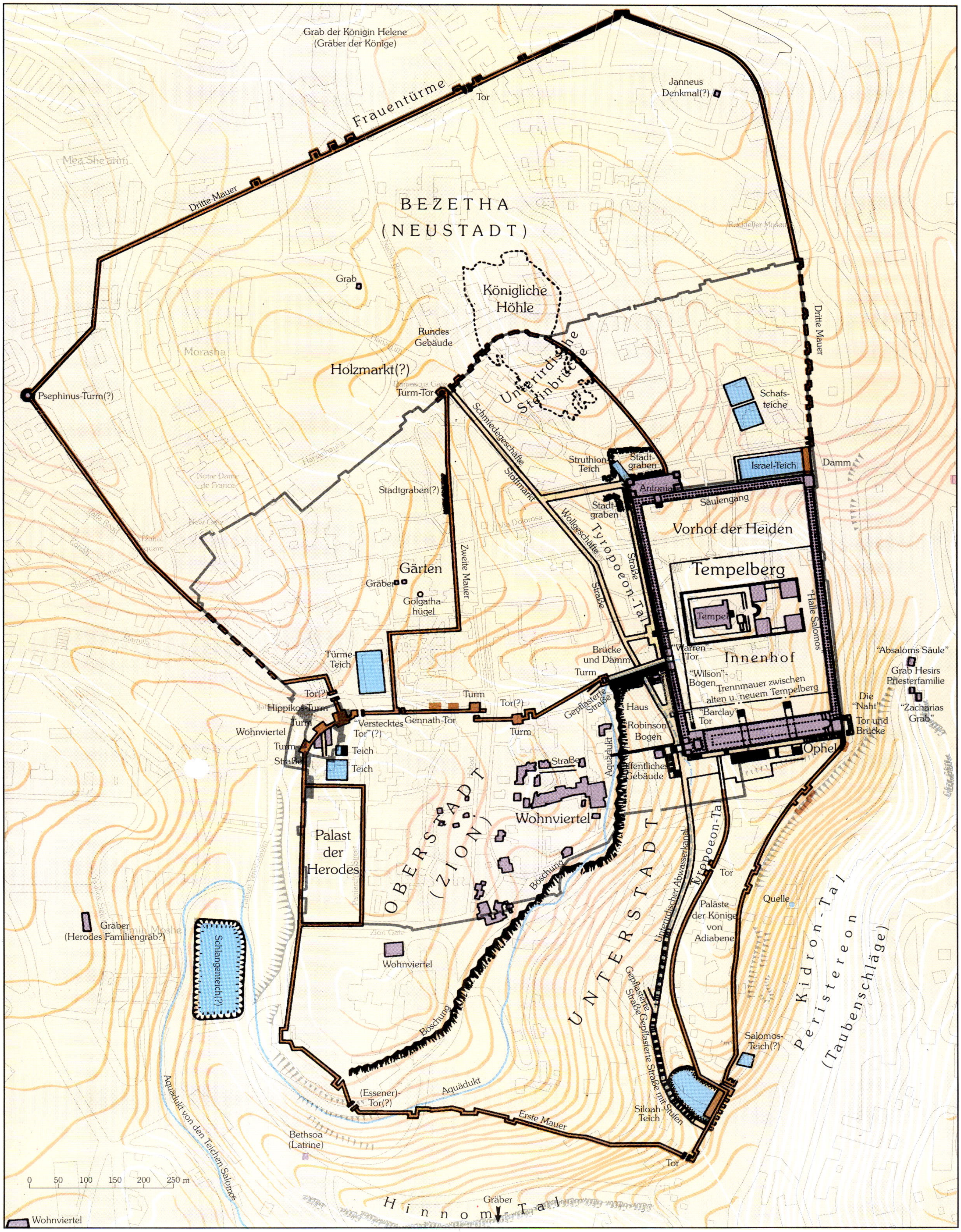

Grab der Königin Helene (Gräber der Könige)
Frauentürme
Tor
Janneus Denkmal(?)
Mea She'arim
Dritte Mauer
BEZETHA (NEUSTADT)
Grab
Königliche Höhle
Rundes Gebäude
Morasha
Unterirdische Steinbrüche
Holzmarkt(?)
Psephinus-Turm(?)
Damascus Gate
Turm-Tor
Schafsteiche
Schmiedegeschäfte
Stoffmarkt
Struthion-Teich
Stadtgraben
Israel-Teich
Damm
Antonia
Stadtgraben(?)
Notre Dame de France
Stadtgraben
Säulengang
Via Dolorosa
Wollgeschäfte
Tyropoeon-Tal
Straße
Vorhof der Heiden
Jaffa Road
New Gate
Tempelberg
Gärten
Zweite Mauer
Gräber
Golgathahügel
Tempel
"Halle Salomos"
Türme-Teich
Brücke und Damm
"Warren"-Tor
Innenhof
"Absaloms Säule"
Grab Hesirs Priesterfamilie
Turm
"Wilson"-Bogen
Trennmauer zwischen alten u. neuem Tempelberg
Tor(?)
Turm
Tor(?)
Gepflästerte Straße
Die "Naht"
Hippikos-Turm
Haus
"Barclay" Tor
Tor und Brücke
"Zacharias Grab"
"Verstecktes Tor"(?)
Gennath-Tor
Turm
Robinson-Bogen
Ophel
Wohnviertel
Turm
Teich
Teich
Straße
Straße
Aquädukt
Öffentliches Gebäude
OBERSTADT (ZION)
Wohnviertel
Palast der Herodes
Böschung
Tyropoeon-Tal
Tor
Unterirdischer Abwasserkanal
UNTERSTADT
Quelle
Paläste der Könige von Adiabene
Kidron-Tal
Gräber (Herodes Familiengrab?)
Schlangenteich(?)
Zion Gate
Wohnviertel
Peristereon (Taubenschläge)
Gepflästerte Straße
Gepflästerte Straße mit Stufen
Böschung
Salomos-Teich(?)
(Essener)-Tor(?)
Aquädukt
Siloah-Teich
Erste Mauer
Aquädukt von den Teichen Salomos
Bethsoa (Latrine)
Tor
0 50 100 150 200 250 m
Gräber
Hinnom-Tal
Wohnviertel

(rechts) Die Stiftshütte in der Wüste, vom levitischen Lager umgeben. Das sich gegenüber vom Eingang der Stiftshütte befindende Zelt des Mose war der Versammlungsort der 70 Ältesten, den Mitgliedern des Gerichtes.

Die Mitglieder des Sanhedrins treten in der Halle der Quadersteine zusammen. Die Weisen des Sanhedrins saßen innerhalb des heiligen Tempels in einem großen Halbkreis mit dem Vorsitzenden in der Mitte und dem Oberhaupt des rabbinischen Gerichtes zu seiner Rechten. Die Vorgänge wurden von den Gerichtsschreibern festgehalten.

Blut, wenn ich zur Grube fahre? Wird dir auch der Staub danken und deine Treue verkündigen?

Herr, höre und sei mir gnädig! Herr, sei mein Helfer! Du hast mir meine Klage verwandelt in einen Reigen, du hast mir den Sack der Trauer ausgezogen und mich mit Freude gegürtet, dass ich dir lobsinge und nicht stille werde. Herr, mein Gott, ich will dir danken in Ewigkeit."

(Psalm 30)

Dieser Psalm ist außergewöhnlich schön und kann auf verschiedenen Ebenen verstanden werden. Aber was hat er mit dem heiligen Tempel zu tun? Eigentlich ist dieser Psalm ein Lied des Lebens, das den Gedanken des heiligen Tempels veranschaulicht. Es spiegelt das eigentliche Wesen des Tempels und seine Rolle im Leben der Menschen wieder: nämlich Gott sein ganzes Leben zu widmen, jeden Bereich menschlicher Erfahrung zu einem heiligen Bereich zu machen und ihm, dem wir unsere Kraft verdanken, dieselbe ganz zur Verfügung zu stellen.

Seit dem Exodus, als die Israeliten die Stiftshütte in der Wüste errichteten, war der Tempel das Zentrum der prophetischen Offenbarung und der königlichen Autorität der davidischen und hasmonäischen Dynastien. Er bildete den Höhepunkt sämtlicher religiöser Zeremonien und war der Sitz des Hohen Priesters. Der Sanhedrin, die legislative und judikative Autorität, trat in der Halle der Quadersteine zusammen. Von dort verbreitete sich Gottes Wort über die ganze Welt.

Zweimal wurde der Tempel zerstört und das jüdische Volk zerstreut, der Tempel jedoch gab dem Volk die Kraft, das bittere Exil zu ertragen. Abraham erklärte, dass der Tempel Gottes auf dem Berg Moria errichtet werden solle. König David legte das Fundament und leistete die Vorarbeit zum Bau des Tempels, sein Sohn Salomo erbaute

ihn schließlich. Als der erste Tempel dann zerstört wurde und Israel ins Exil gehen musste, gab ihnen der Tempel die Kraft, das schwere Exil zu ertragen.

Esra und Nehemia führten 42.360 Juden zurück nach Israel und begannen sofort mit dem Wiederaufbau des heiligen Tempels. Am prächtigsten war der Tempel dann nach dem Umbau durch den König Herodes. So war der Tempel annähernd 1000 Jahre das Zentrum jüdischen Lebens.

In diesem Werk haben wir den Versuch unternommen, die Welt des heiligen Tempels zu beschreiben. Der Schwerpunkt soll auf der Bedeutung des alltäglichen Lebens liegen. Es wäre tatsächlich schwierig, den zahlreichen und reichhaltigen Beschreibungen und Informationen, die von den Gelehrten Israels mündlich überliefert wurden, in einer kurzen Darstellung gerecht zu werden. Wir haben uns bemüht, den Quellen so viele Einzelheiten aus dem alltäglichen Tempelleben wie nur möglich zu entnehmen. Wir hoffen und beten, dass sich der Leser durch dieses Buch der historischen Bedeutung des Tempels, die er nicht nur für das jüdische Volk, sondern für die gesamte Menschheit hat, bewusster wird. Hoffen wir, Zeugen der Erfüllung haggaischer Prophetie zu werden (Haggai 2,6–9): "Denn so spricht der Herr Zebaoth: Es ist nur noch eine kleine Weile, so werde ich Himmel und Erde, das Meer und das Trockene erschüttern. Ja, alle Heiden will ich erschüttern. Da sollen dann kommen aller Völker Kostbarkeiten, und ich will dies Haus voll Herrlichkeit machen, spricht der Herr Zebaoth. Denn mein ist das Silber, und mein ist das Gold, spricht der Herr Zebaoth. Es soll die Herrlichkeit dieses neuen Hauses größer werden, als die des ersten gewesen ist, spricht der Herr Zebaoth; und ich will Frieden geben an dieser Stätte, spricht der Herr Zebaoth."

Die Opfer und Opfergaben des Tempels

Der Sinn und die Bedeutung des Tempelopfersystems beansprucht ein Kapitel für sich. Die Tora hat das Opfer nicht nur als Sühne vorgesehen, sondern auch für zahlreiche weitere Anlässe. Der Rahmen des vorliegenden Buches erlaubt zwar keine umfangreiche Behandlung dieses Themas, trotzdem wollen wir eine kurze Einführung geben und versuchen, einigen Missverständnissen zu begegnen, die das Opfer betreffen.

Tieropfer gehen bis in die frühesten Zeiten zurück. Maimonides schreibt im "Leitfaden für die Verwirrten", dass Tieropfer eine übliche Form der Verehrung waren, seitdem Menschen das Bedürfnis haben, ihren religiösen Gefühlen Ausdruck zu verleihen und Gott auf diese Weise näher zu kommen. Die Tora hat Opfer vorgesehen, um dieses Bedürfnis aufzunehmen. In diesem Sinne beschreibt die Bibel die Opfer von Kain, Abel und Noah.

Die Tempelopfer wirken auf verschiedenen Ebenen: ethisch, moralisch, philosophisch, mystisch ... und als Erfüllung des Wortes Gottes. Auch wenn es dem heutigen Menschen schwer fällt, die Vorstellung von Opfern zu akzeptieren, handelt es sich doch um ein göttliches Gebot.

Die Definition des Wortes Opfer in Wahrigs Deutschem Wörterbuch lautet: (1) Gabe für die Gottheit (Tier-, Trank-); unter schmerzlichem Verzicht gebrachte Spende; schmerzlicher Verzicht zugunsten eines anderen Menschen; jemand, der eine Missetat oder ein Übel erdulden muss. (2) ein Opfer der Flammen werden: im Feuer ums Leben kommen oder zerstört werden usw.

Das hebräische Wort für Opfer (*Korban, lehakriv*) hat aber denselben Stamm wie das Verb "sich nähern, näher kommen, mit jemandem in ein nahes Verhältnis treten" – denn dies ist der eigentliche Sinn des Opfers. Leider verfügt die deutsche Sprache über kein Wort, das den besagten Zusammenhang des hebräischen Wortes Korban wiedergeben könnte. Die Idee eines Opfers scheint auf ein Geschenk oder eine Gabe hinzuweisen: etwas Wertvolles zu Gunsten eines anderen abgeben durch persönlichen Verzicht. Ein Korban hat aber mit einem Geschenk nichts zu tun. In der Bibel beschreibt der Begriff Korban immer nur das Verhältnis zwischen Gott und dem Menschen und steht an keiner Stelle im Zusammenhang mit Geschenken oder Gaben. Demnach kann seine Bedeutung nur aufgrund des Wortstammes verstanden werden, der das Sich-Nähern und Nahekommen bezeichnet. Das Tempelopfer soll somit allein einem Zweck dienen: dass sich der Mensch seinem Schöpfer als der Quelle des Lebens nähert. Im Tempelopfer drückt sich keineswegs Verzicht oder Verlust von etwas Wertvollem aus, sondern der Opfernde strebt nach der Nähe Gottes. In diesem Sinne erfleht König David in den Psalmen: "Aber das ist meine Freude, dass ich mich zu Gott halte." (Psalm 73,28) – denn für den Juden ist die höchste und einzig wahre Vorstellung der Frömmigkeit die Nähe zu Gott. Fehlt seinem Leben dieser Aspekt, dieses göttliche Verhältnis, das seine physische Existenz erhebt und sein Leben mit Sinn erfüllt, so fühlt sich der Jude wie ein Tier genauso wie das, das vor ihm auf dem Altar liegt, weil ihm das fehlt, was ihn zum Menschen macht.

Im Tempeldienst wirken die vier Grundformen der Geschöpflichkeit sehr wirkungsvoll zusammen: Der Priester, der das Opfer darbringt, verkörpert die Menschheit; das dargebrachte Tier verkörpert das Tierreich; das Mehl, der Weihrauch, das Trankopfer usw. verkörpern die Pflanzenwelt; und sogar das Leblose ist vorhanden: denn Salz ist bei jedem Opfer dabei. Beim Tempeldienst befindet sich die ganze Schöpfung in einem harmonischen Miteinander und bewirkt Frieden an dieser Stätte: "... und ich will Frieden geben an dieser Stätte, spricht der Herr Zebaoth" (Haggai 2,9).

Die Darbringung eines Korbans veranschaulicht dem Sünder, was ihn getroffen hätte, falls ihn Gott verurteilt hätte. Die Weisen lehren uns, dass uns Gottes Name gewisse Einsicht in sein Wesen gebe. Im ganzen Buch Levitikus wird Gott niemals Elohim genannt. Dies ist eine allgemeine Bezeichnung für Gottheiten. Dieser Gottesbegriff wurde auch von den Heiden für ihre Götter verwendet. Die Heiden haben ihren Göttern Tiere als Ersatz für das eigene verwirkte Leben geopfert: die Todesqualen des Tieres befreiten sie von den eigenen. Eine solche Vorstellung wollte man auf den Gott Israels nicht übertragen, daher wird Gott, wenn es um den Zusammenhang mit den

Der Hohe Priester bringt das Räucherwerk auf dem im Heiligtum stehenden goldenen Räucheraltar dar.

Der Hohe Priester legt über dem Stier das Sündenbekenntnis ab und überträgt die Sünden auf das Opfertier.

Opfern geht, Jahwe (JHWH) genannt: Gott offenbart sich seinem Volk in der Liebe.

Genau deshalb, weil er der Gott der Liebe und nicht der Gott der Strafe und des Todes ist, hat er das Opfersystem eingerichtet. Es dient der Wiederherstellung und Reinigung des Verhältnisses zwischen Gott und Mensch. Das Tieropfer stellt den Tod des Menschen dar, der im Widerspruch zu Gott lebt. Der Mensch soll sich mit seinem ganzen Wesen Gott hingeben und sich in den Dienst Gottes stellen. Im Opfer wird der Mensch mit Gott verbunden.

Die Opfer sind kein Selbstzweck. Das Sündopfer musste von einer aufrichtigen Reue begleitet sein.

Uns wird gelehrt, dass Gott die Opfer zur Verbesserung des Menschen – der Krone der Schöpfung – forderte. Natürlich zöge es Gott vor, wenn der Mensch gar nicht mehr sündigen würde, damit kein Opfer mehr nötig wäre. (vgl. Babylonischer Talmud, *Berachot* 22a)

Die Abneigung derer, für die das Opfersystem zu brutal ist, ist verständlich. Sie haben keinen Begriff davon, dass uns Gott den Befehl gibt, uns über die Tierwelt zu erheben, damit wir uns dem Dienst für Gott widmen können. Der Mensch steht als das Abbild Gottes im Mittelpunkt der Schöpfung. Alles, was Gott sonst noch erschaffen hat, steht im Dienste des Menschen. Alles soll dazu dienen, dass sich der Mensch geistlich vervollkommnen kann.

Der Stier und der Ziegenbock werden als Sündopfer verbrannt: "Und den jungen Stier und den Bock vom Sündopfer, deren Blut in das Heiligtum zur Entsühnung gebracht wurde, soll man hinausschaffen vor das Lager und mit dem Feuer verbrennen samt Fell, Fleisch und Mist." (3. Mose 16,27)

Die Priester

"und du sollst ... sie salben ... dass sie meine Priester seien. Und diese Salbung sollen sie haben zum ewigen Priestertum von Geschlecht zu Geschlecht." (2. Mose 40,15)

"Denn der Herr, dein Gott, hat ihn erwählt aus allen deinen Stämmen, dass er stehe im Dienst im Namen des Herrn, er und seine Söhne für alle Zeit." (5. Mose 18,5)

Der erste Priester (*Kohen*) und damit der Begründer des priesterlichen Geschlechtes, war Aaron, der Bruder von Moses, aus dem Stamme Levi. Ganz Israel stammt von den 12 Söhnen Jakobs ab, dessen dritter Sohn Levi war. Aaron, ein Nachkomme Levis in vierter Generation, und seine vier Söhne wurden als Erste zu Priestern berufen. Aaron war der erste Hohe Priester. Alle seine männlichen Nachkommen späterer Generationen wurden von Gott dazu berufen, seine Priester zu sein. Dies ist ein ewiger Bund, so dass selbst heute noch ein Kohen ein direkter Nachkomme von Aaron ist.

Gott hat diese Männer dazu berufen geistliche Führer zu sein. So ist der Priester dazu berufen sich selbst und die anderen in einem gottgemäßen Dienst anzuleiten: "Du sollst Aaron, deinen Bruder, und seine Söhne zu dir herantreten lassen aus der Mitte der Israeliten, dass er mein Priester sei, er und seine Söhne Nadab, Abihu, Eleasar und Itamar." (2. Mose 28,1)

Der Vorleser ist zweifellos mit der Hauptrolle am besten vertraut, die die Priester im Tempel einnehmen: der Leitung des Opferdienstes und anderen Bereichen des Tempeldienstes. Nicht weniger wichtig war ihre Funktion für die übrige Welt: sie sollten ein Sprachrohr sein und Gottes strahlenden Segen und seine Macht in diese Welt bringen. Deswegen wurde ihnen die Aufgabe übertragen Gottes Segnungen des Friedens und der Liebe auch dem Volk zu übersenden: "Sage Aaron und seinen Söhnen und sprich: So sollt ihr sagen zu den Israeliten, wenn ihr sie segnet: Der Herr segne dich und behüte dich; der Herr lasse sein Angesicht leuchten über dir und sei dir gnädig; der Herr hebe sein Angesicht über dich und gebe dir Frieden." (4. Mose 6,23–26)

Dies ist der einzige Punkt vom Tempeldienst, der schon in der Bibel erwähnt ist und bis zum heutigen Tag aufrechterhalten wird. In fast allen Gemeinden in Israel sprechen die Priester diesen Segen täglich vor der Gemeinde. In der Diaspora wird er aber von vielen Gemeinden nur an den hohen Feiertagen angestimmt.

"Sie [die Priester] sollen ihrem Gott heilig sein ... Darum sollst du den Priester heilig halten, denn er opfert die Speise deines Gottes. Er soll dir heilig sein; denn ich bin heilig, der Herr, der euch heiligt." (3. Mose 21,6–8)

Viele Menschen setzen den Begriff der Heiligkeit mit der Spiritualität im Allgemeinen gleich: alles Ewige oder Mystische wird für heilig gehalten. Dies ist ein bedenkliches Missverständnis, denn heilig und geistig sind nicht dasselbe und natürlich auch nicht gleichwertig. Viele Menschen, Wissenszweige und Philosophien werden von ihrem Wesen her für geistig gehalten; sie mögen sich auch mit Esoterik beschäftigen, ja einige unter Umständen sogar mit dem Dienst Gottes, aber dies schließt noch lange nicht ein, dass diese heilig sind. Es ist doch sogar so, dass manch eine von den geistigen Bewegungen der Inbegriff der Unheiligkeit ist.

Die Bibel spricht klare Worte, wenn es um das Verbot von Spiritualität geht, die von Gott nicht gebilligt wird: "... Ihr sollt nicht Wahrsagerei noch Zauberei treiben." (3. Mose 19,26) Wir sind gewarnt. Unter die verbotenen Praktiken zählen auch abergläubische Prophezeiungen und Astrologie. Als sich die Kinder Israels darauf vorbereiteten, in das verheißene Land einzuziehen, wurden sie von Gott ausdrücklich gewarnt, die verkehrten geistigen Bräuche der einstigen Bewohner auszurotten. "Wenn der Herr, dein Gott, vor dir her die Völker ausrottet, zu denen du kommst, ihr Land einzunehmen, und du es eingenommen hast und darin wohnst, so hüte dich, dass du dich nicht verführen lässt, es ihnen nachzutun, nachdem sie vertilgt sind vor dir, und dass du nicht fragst nach ihren Göttern und sprichst: Wie haben diese Völker ihren Göttern gedient? Ebenso will auch ich es tun! So sollst du dem Herrn, deinem Gott, nicht dienen; denn sie haben ihren Göttern alles getan, was dem Herrn ein Gräuel ist und was er hasst; denn sie haben ihren Göttern sogar ihre Söhne und Töchter mit Feuer verbrannt." (5. Mose 12,29–31)

Im Gegensatz zum Begriff geistig, meint der Begriff heilig in erster Linie: für den Dienst Gottes abgesondert sein.

Gott selbst wird heilig genannt, weil er im Vergleich zu seiner Schöpfung völlig einzigartig ist. Nichts kann mit ihm

(gegenüber) Der König Israels liest den am Ende des Sukkotfestes im Heiligtum versammelten Menschen laut aus der Thorarolle vor.

verglichen werden, denn er ist unvergleichlich. Er ist der Schöpfer des Universums und aller Existenz, und schon deshalb ist er völlig verschieden von allem, was existiert.

Von daher wird Israel aufgefordert ein heiliges Volk zu sein: hiermit ist gemeint, dass es sich von allen anderen absondern und sich von allen anderen völlig unterscheiden soll. Es soll ein lebendiger Beweis dafür sein, dass ein ganzes Volk mit Gott in seiner Mitte wandeln kann: "... Siehe, das Volk wird abgesondert wohnen und sich nicht zu den Heiden rechnen." (4. Mose 23,9) Diese Absonderung entspricht der wahren Heiligkeit. Heilig sein heißt, vom Bereich des Normalen abgesondert zu sein. Israel lebt abgesondert, weil es den Geboten der Thora entsprechend lebt, denn auch Gott ist abgesondert. Die höchste Form religiöser Erfahrung ist es, das Göttliche abzubilden, denn der Mensch ist doch das Abbild seines Schöpfers.

So sollen auch die Priester im heiligen Tempel "heilig sein, denn ich, der Herr, bin auch heilig." Wenn das jüdische Leben heilig sein soll, dann müssen insbesondere die Priester darauf achten, heilig zu sein. Sie sind vom Schöpfer selbst dazu bestimmt, ihm ihr Leben hinzugeben.

Im Traktat Midot wird uns gelehrt, dass sich der Sitz des Sanhedrins, der höchsten politischen, religiösen und juristischen Instanz, im südlichen Teil des Hofes befindet. Es ist ein Raum, der aus gehauenen Steinen errichtet ist. Er trägt den Namen: Halle der Quadersteine.

In seiner Beschreibung des Standortes der Halle der Quadersteine legt der Talmud wert darauf, auf den Umstand hinzuweisen, dass der eine Teil innerhalb und der andere außerhalb des geheiligten Bereiches vom Tempelbergkomplex lag. In dieser zweiten Hälfte hielt der Sanhedrin seine Gerichtsversammlungen ab. Hier saßen die Mitglieder in einem Halbkreis und verbreiteten durch ihre Lehren und Entscheidungen die Weisheit Gottes und seiner Thora über ganz Israel. Hier wurden auch die Priesterkandidaten geprüft. Mit diesen Dingen waren sie ständig beschäftigt. Jeder Priester musste den Bedingungen des biblischen Gesetzes entsprechend untersucht werden, damit festgestellt wurde, dass kein Makel an ihm war und er somit zum priesterlichen Dienst befähigt war. Die Leviten wurden auf dieselbe Art und Weise geprüft und beurteilt.

Wenn der Sanhedrin an einem Tag keinen ungeeigneten Priesteranwärter gefunden hatte, dann wurden große Feierlichkeiten veranstaltet, und es wurde ausgerufen:

Gesegnet sei der einzig Heilige! Gesegnet ist Er!
Denn unter den Nachkommen von Aaron wurde kein Makel gefunden.
Und gesegnet sei der, der Aaron und seine Nachkommen auserwählt, im Dienste vor dem Herrn zu stehen, am heiligsten aller Orte.

(*Midot* 5,4)

Die für den täglichen Dienst im heiligen Tempel verantwortlichen Kohanim waren in 24 Schichten aufgeteilt. Jede Schicht setzte sich aus Männern zusammen, die aus allen Gebieten des Landes kamen, und dauerte eine Woche. In jener Woche waren sie für alle Arbeiten im Tempel verantwortlich. Die Schichten wurden in sechs Familien unterteilt, von der jede einen vollen Tag lang Dienst tat. Am Sabbat arbeiteten alle sechs Familien zusammen im Tempel.

Alle wollten am Dienst im Tempel teilhaben. Aufgrund

Der Hohe Priester schwört vor dem Sanhedrin, dass er in seinen Entscheidungen nicht von den Lehren, die er gelehrt wurde, abweichen werde. Dies fand vor der Kammer der Avtinas Familie statt, wo das für den Tempel benötigte Räucherwerk zubereitet wurde.

der begrenzten Anzahl der Aufgaben, die im Tempel zu verrichten waren, wurde täglich gelost, wer die verschiedenen Dienste ausführen dürfe.

Täglich fanden vier verschiedene Verlosungen statt. Daher füllte sich der Hof mehrmals am Tage mit Priestern. Vor der ersten Verlosung reinigten sich alle teilnahmeberechtigten Priester in einer Mikva, einem speziellen Wasserbecken, in dem Regenwasser gesammelt wurde. Dieses Reinigungsbad war für jeden Priester unvermeidlich, selbst wenn einer wusste, dass er sich durch nichts verunreinigt hatte. Von dort gingen die Priester in die Halle der Quadersteine, die sich zum Teil auf heiligem Boden befindet, wo die Verlosungen in einem Kreis stattfanden. Man einigte sich auf eine Zahl, die beträchtlich höher als die Summe der anwesenden Männer war. Der Aufseher forderte alle anwesenden Männer auf, einen Finger zu strecken. Dann drehte sich der Abzähler im Kreis und zählte die Finger (denn die Bibel verbietet das Zählen der Menschen selbst, vgl. 2. Mose 30,12), bis die vorher vereinbarte Zahl erreicht war.

Nachdem nun der Gewinner der ersten Verlosung feststand, teilten sich die Priester in zwei getrennte Gruppen. Diese beiden Gruppen bildeten die Morgenpatrouille und überprüften im Tempel, ob alles in Ordnung sei und alle 93 zur Ausführung des Dienstes benötigten heiligen Gefäße an ihrem Platz waren.

Jede Gruppe wurde von einem Fackelträger angeführt. Nur am Sabbatmorgen wurde ihnen der Weg mit Kerzenlicht erhellt. Die eine Gruppe ging ostwärts und überquerte die nördlichen und östlichen Abschnitte des Säulenganges; die zweite Gruppe lief westwärts, überquerte dabei einen kleinen Teil der nördlichen Seite, die gesamten westlichen und südlichen Abschnitte sowie ein kurzes Stück ostwärts. An der Vorbereitungskammer für Speisopfer, wo die

Bei der Darbringung eines Opfers auf dem Altar goss ein Priester das Weingießopfer in einen Silberbecher, während der Aufseher (Mitte) dem Levitenchor das Zeichen für das tägliche Lied gab.

täglichen Speisopfer des Hohen Priesters geknetet und gebacken wurden, trafen sich die Patrouillen wieder. Diese Kammer befand sich im östlichen Bereich des Hofes, südlich der Nikanortore. Wenn sie nichts Fehlendes festgestellt hatten, dann grüßten sie sich mit den Worten: "Friede! Alles ist friedlich!"

Einige Priester blieben in der Vorbereitungskammer für Speisopfer, um mit den Vorbereitungen für die Speisopfer des Hohen Priesters zu beginnen. Die anderen zogen weiter.

Die erste der täglichen Verlosungen bestimmte den Priester, der die Asche vom Altar zu entfernen hatte, um den herum sich der gesamte göttliche Dienst abspielte (einschließlich dem Pessach-Opfer, der Darbringung der Erstlingsfrüchte am Schavuot und der Lulav-Äste am Sukkot).

Beide Altäre, der von Salomons Tempel und der aus der Zeit des Herodes, befanden sich am selben Ort: auf dem Berg Moria, auf dem Abraham Isaak zum Opfer angebunden hatte. Er wurde als ein großes Rechteck angefertigt. Die Höhe betrug 10 Amot (ungefähr 5 Meter) und die Breite 32 Amot (ungefähr 16 Meter). Es gab zwei Hauptteile: den Altar selbst und die Rampe zum Altar; beide waren aus Steinen und Erde errichtet. Oben an den vier Ecken des Altars befanden sich hohle Vorsprünge, die kleine Hörner bildeten. Diese Hörner hatten eine Fläche von jeweils einer Quadrat-Ama und waren fünf Hand breit hoch (ca. 45x45x39 cm).

Drei getrennte Holzscheite brannten oben auf dem Altar. Der größte war für alle Opfer bestimmt. Der zweite lieferte die Kohlen für den Räucheraltar im Heiligtum, und der dritte war die Ewige Flamme. "Das Feuer auf dem Altar soll brennen und nie verlöschen." (3. Mose 6,5) Die Asche des Altars wurde an einen Ort gebracht, der außerhalb des heiligen Tempels lag; bekannt als Ort der Asche.

"Und der Herr redete mit Mose und sprach: Gebiete Aaron und seinen Söhnen und sprich: Dies ist das Gesetz über das Brandopfer. Das Brandopfer soll bleiben auf dem Herd des Altars die ganze Nacht bis zum Morgen, und es soll des Altars Feuer brennend darauf erhalten werden. Und der Priester soll sein leinenes Gewand anziehen und die leinenen Beinkleider für seine Blöße und soll die Asche wegnehmen, die das Feuer des Brandopfers auf dem Altar gemacht hat, und soll sie neben den Altar schütten und soll danach seine Kleider ausziehen und andere Kleider anziehen und die Asche hinaustragen aus dem Lager an eine reine Stätte." (3. Mose 6,1–4)

Bevor der Priester mit der silbernen Schaufel die Asche vom Altar entfernen durfte, musste er sich seine Hände und Füße mit dem Wasser des Beckens gereinigt haben. Es war sogar nur möglich sich dem Altar zu nähern, wenn man sich zuvor Hände und Füße gereinigt hatte. "Du sollst auch ein Becken aus Kupfer machen mit einem Gestell aus Kupfer zum Waschen und sollst es setzen zwischen die Stiftshütte und den Altar und Wasser hineintun, dass Aaron und seine Söhne ihre Hände und Füße darin waschen, wenn sie in die Stiftshütte gehen oder zum Altar, um zu dienen und Feueropfer zu verbrennen für den Herrn, auf dass sie nicht sterben. Das soll eine ewige Ordnung sein für ihn und sein Geschlecht bei ihren Nachkommen." (2. Mose 30,18–21)

Es war nur dem Dienst tuenden Priester erlaubt, den Bereich zwischen dem Saal und dem Altar und der Rampe

Ein Priester gießt das Gussopfer, ein anderer schürt das Feuer auf dem Altar, und weitere Priester blasen in ihre Trompeten. Sie sind von Israeliten umringt, die zuschauen.

zu betreten. Daher begleitete niemand den Priester, wenn dieser den ins Innere des heiligen Tempels führenden Saal betrat. Sein Weg wurde nur vom Feuer erhellt, das auf dem Altar brannte. Die übrigen Priester konnten ihn deshalb nicht mehr sehen, sobald er den Saal betreten hatte. Das Muchni von Ben Katin, der Ton eines hölzernen Rades, das sich Ben Katin, ein Hoher Priester zur Zeit des zweiten Tempels, ausgedacht hatte, verriet den anderen Familien, wann der Priester das Becken erreicht hatte. Dieser Mechanismus bestand aus einer großen Rolle, die das Becken nachts in einen Brunnen senkte und es morgens mit Wasser gefüllt wieder hinaufzog.

Nachdem sich der Dienst tuende Priester gereinigt hatte, nahm er die silberne Schaufel, ging über die Rampe zum Altar und sammelte etwas Asche, um diese zum Aschenplatz östlich der Rampe zu bringen.

Sobald der Priester die kleine Menge Asche entfernt hatte, konnten sich die anderen Priester den allgemeinen Vorbereitungen des Altars widmen: sie sammelten die Opferteile ein, die nachts nicht verbrannt waren, und schoben sie an den Altarrand. (Es war verboten, Opferteile vom Altar zu entfernen.)

Nachdem die Asche entfernt war, wurde für das große Feuer neues Holz auf dem Altar aufgeschichtet. Sobald der große Holzscheit und der kleine für das Räucherwerk entzündet waren, kehrten die Priester zur zweiten Verlosung in die Halle der Quadersteine zurück.

Die zweite Verlosung galt der Verteilung verschiedenartiger Aufgaben, die die Darbringung des Tamidopfers, des täglichen Opfers, betrifft: welcher Priester es schlachten wird; wer das Blut auffangen und es auf den Altar sprengen wird; wer die übrige Asche vom (goldenen) Räucheraltar innerhalb des Heiligtums entfernen wird; wer sich um die Dochte der Menora kümmern und die Gläser von Öl und Asche reinigen wird; welche sechs Priester die Opferteile auf die Rampe vor den Altar bringen werden, wer das Feinmehl für das mit dem Opfer dargebrachte Speisopfer auf den Altar bringen wird; wer das Speisopfer des Hohen Priesters hinaufbringen wird; wer das Weintrankopfer gießen wird.

Direkt nach der Verlosung bereiteten sich die Priester auf ihren Dienst vor, die zur Entfernung der Altarasche und zur Reinigung der Menora bestimmt worden waren, und richteten die Gefäße her, die sie zum Dienst brauchten. Dabei handelt es sich um folgende Gefäße: goldene Körbe mit einem Umfang von 2,5 Kavim (ca. 5,5 Liter), einen Ölbehälter, der die Form eines großen goldenen Weinkelches hatte und zwei Schlüssel. Die Schlüssel überreichten sie dem Dienst tuenden Torhüter, einem Leviten. Der Levit, der dazu bestimmt war, das Heiligtum zu öffnen, erhielt diese Schlüssel von den Priestern, öffnete die rechte Tür, betrat zuerst das Vorzimmer und dann den Bereich des unmittelbaren Heiligtums. Am eigentlichen Tor entfernte er die Torriegel und Sperren und öffnete die weiten Tore.

Das Öffnen dieser Tore war sehr wichtig, denn erst jetzt konnten die Vorbereitungen zur Darbringung des morgendlichen Tamidopfers beginnen. Und tatsächlich begann der dazu bestimmte Priester seine Arbeit erst dann, nachdem er gehört hatte, dass sich die Tore geöffnet hatten.

Dann verkündete der Aufseher den Priestern: "Begebet euch an einen hoch gelegenen Ort im Tempel, um zu sehen, ob es Zeit zur Darbringung des morgendlichen Opfers ist!" Hatte es tatsächlich zu grauen begonnen, rief der Nachtwächter: "Barkai! Der Morgen graut bereits." Danach erwarteten die Priester die zweite Bekanntgabe des Nachtwächters, der sich an einem erhöhten Ort befand: "Der gesamte östliche Horizont ist erhellt." Sobald sich der östliche Himmel erhellte, fragte einer der unten stehenden Priester einen anderen Priester: "Erstreckt sich die Glut bis nach Hebron?"

Falls der Nachtwächter mit einem Ja antwortete, war die Zeit für die Darbringung des täglichen Tamidopfers gekommen, und die Tore des innersten Heiligtums wurden geöffnet. Der Aufseher wies die Dienst tuenden Priestern an: "Bringet ein Lamm aus der Kammer!" Es standen immer mindestens sechs Tiere für das tägliche Opfer bereit, die im Voraus geprüft und für makellos befunden worden waren. Dennoch wurde das Tier nochmals auf jeglichen Makel hin, der es als Opfer disqualifiziert hätte, bei Fackelschein untersucht. Bevor es dann geschlachtet wurde, wurde das Lamm aus einem goldenen Gefäß getränkt, um das Abziehen der Haut zu erleichtern.

Nachdem ein Lamm erwählt worden war, gingen die Kohanim in die Gefäßekammer, in der die Tempelgefäße aufbewahrt wurden. Dort holten sie alle heiligen Gefäße aus Silber und Gold, die sie für ihren göttlichen Tagesdienst brauchten.

Der Priester, auf den zuerst das Los gefallen war, hatte das Recht, das Tamid zu schlachten, und führte das Lamm zum Hofbereich nördlich des Altars. Die sechs Priester, die die Opferteile auf die Rampe zum Altar bringen sollten, folgten ihm. Im Boden des Hofes waren spezielle Metallringe angebracht, mit denen die Tiere festgehalten wurden. Außerdem gab es acht kleine Pfeiler aus Stein mit Holzklötzen, die zur Entfernung der Haut mit Metallringen versehen waren. Auf Marmortischen wurden die Opferteile zum Opfer vorbereitet.

Der Priester, der zur Entfernung der Asche des Räucheraltars bestimmt war, betrat nun mit dem goldenen Korb das Heiligtum und schritt zum heiligen Ort. Direkt vor den goldenen Räucheraltar legte er den Korb auf den Fußboden. Er nahm mit seinen Händen die Asche des Räucheraltars und tat sie in den mitgebrachten Korb. Für die letzten Reste der Asche verwendete er eine kleine Handbürste. Jetzt ließ er den Korb dort vor dem Altar zurück; erst später im Laufe des Dienstes wird dieser weggetragen.

Zur selben Zeit betrat einer seiner Mitpriester, der die nächste Aufgabe zu versehen hatte, das Heiligtum und ging zur Menora, dem goldenen siebenarmigen Leuchter, der im 2. Buch Mose folgendermaßen beschrieben wird: "Du sollst auch einen Leuchter aus feinem Golde machen, Fuß und Schaft in getriebener Arbeit, mit Kelchen, Knäufen und Blumen. Sechs Arme sollen von dem Leuchter nach beiden Seiten ausgehen, nach jeder Seite drei Arme. Jeder Arm soll drei Kelche wie Mandelblüten haben mit Knäufen und Blumen. So soll es sein bei den sechs Armen an dem Leuchter. Aber der Schaft am Leuchter soll vier Kelche wie Mandelblüten haben mit Knäufen und Blumen, und je einen Knauf unter zwei von den sechs Armen, die von dem Leuchter ausgehen. Beide, Knäufe und Arme, sollen aus einem Stück mit ihm sein, lauteres Gold in getriebener Arbeit. Und du sollst sieben Lampen machen und sie oben

anbringen, so dass sie nach vorn leuchten." (2. Mose 25,31–37)

Dieser Priester entfernte die abgebrannten Dochte und das übrig gebliebene Öl aus jeder einzelnen Lampe. Er füllte die Lampen erneut mit frischem Öl und versah sie mit neuen Dochten. Hierzu stieg der Priester die drei Marmorstufen vor der Menora empor. Diese Stufen entsprechen den drei biblischen Versen, die im Zusammenhang mit der Menora das Wort emporsteigen erwähnen:

"Und der Herr redete mit Mose und sprach: Rede mit Aaron und sprich zu ihm: Wenn du die Lampen aufsetzt, sollst du sie so setzen, dass sie alle sieben von dem Leuchter nach vorwärts scheinen." (4. Mose 8,1–2)

"Und du sollst sieben Lampen machen und sie oben anbringen, so dass sie nach vorn leuchten." (2. Mose 25,37)

"Gebiete den Israeliten, dass sie zu dir bringen das allerreinste Öl aus zerstoßenen Oliven für den Leuchter, dass man ständig Lampen aufsetzen könne." (2. Mose 27,20)

Nun wurde das tägliche Tamidopfer geschlachtet, und die nächsten sechs Priester, die durch die Verlosung dazu bestimmt waren, brachten die verschiedenen Opferteile auf die Rampe zum Altar. Der siebte Priester brachte das Feinmehl für das Speisopfer, das das Tamidopfer begleitete.

Der achte Priester brachte das persönliche Speisopfer des Hohen Priesters zum Altar hinauf. Dies bestand aus Mehl (1/10 einer Ephah, ca. 2 kg. Mehl), das in einem Becken mit Öl vermischt und in zwölf Laibe gebacken wurde. Es war zwar das Privatopfer des Hohen Priesters, wurde aber als ein Gemeinschaftsopfer verstanden. Wenn ein junger Priester mit seinem Tempeldienst begann, dann brachte auch er am ersten Tag seines Dienstes ein solches Opfer dar. Dies war ein Teil seiner Einweihungszeremonie.

Die Laienpriester brachten dieses Opfer nur an dem Tag dar, an dem sie im Tempel Dienst taten, der Hohe Priester brachte es täglich dar: "Und der Herr redete mit Mose und sprach: Dies soll das Opfer Aarons und seiner Söhne sein, das sie dem Herrn opfern sollen am Tage ihrer Salbung: ein Zehntel Scheffel feinstes Mehl, das tägliche Speisopfer, die eine Hälfte morgens, die andere abends." (3. Mose 6,12–13)

Wenn alle Opferteile und auch das Speisopfer auf dem Altar lagen, wurde alles nach dem Gebot Gottes gesalzen: "... bei allen deinen Opfern sollst du Salz darbringen." (3. Mose 2,13)

Schließlich erhielt der Priester, der zuletzt bei der Verlosung gezogen worden war, die Aufgabe, 1/4 *Hin* (ca. 1,1 Liter) Wein auf den Altar zu gießen: als das morgendliche Weinopfer. Somit wurden in der zweiten Verlosung 13 Priester ausgelost. Sobald die Priester ihre Aufgaben erfüllt hatten, kehrten sie in die Halle der Quadersteine zurück, um ihr Morgengebet zu verrichten. Dort teilte der Aufseher für die Verlosung den Priestern mit, dass es Zeit für das Schma' Israel und den Segensspruch sei. Auch die Zehn Gebote, die Grundsätze der Thora, wurden zu diesem Anlass vorgelesen.

Nach dem Abschluss der beiden Opfer hoben die Priester ihre Hände und überbrachten der Gemeinde Israels, die im heiligen Tempel versammelt war, den priesterlichen Segen. Am Sabbat wurde ein zusätzlicher Segen gesprochen, mit dem die neu antretende Priesterschicht begrüßt wurde:

Die Priester bringen die Opferstücke zum Altar hinauf, wo sie aufs Feuer gelegt werden.
(Seite gegenüber) Ein Priester kümmert sich um eine Lampe der Menora, indem er die Dochte ersetzt und sie mit frischem Öl auffüllt.

“Möge er, der seinen Namen in diesem Hause ruhen lässt, Liebe, Brüderlichkeit, Frieden und Freundschaft unter euch herrschen lassen.”

Die dritte Verlosung war ohnegleichen. Sie bestimmte den Priester, der den Opferdienst des Räucherwerks ausführen durfte. Dies war nach der jüdischen Tradition der für Gott wohlgefälligste Teil des Tempeldienstes. Er sollte das Schlechte in der Welt bannen und die göttliche Barmherzigkeit und Milde in der Welt verstärken.

“Du sollst auch einen Räucheraltar machen aus Akazienholz, eine Elle lang und ebenso breit, viereckig, und zwei Ellen hoch mit seinen Hörnern. Und du sollst ihn mit feinem Golde überziehen, seine Platte und seine Wände ringsherum und seine Hörner. Und sollst einen Kranz von Gold ringsherum machen und zwei goldene Ringe unter dem Kranz zu beiden Seiten, dass man Stangen hineintue und ihn damit trage.

Die Stangen sollst du auch aus Akazienholz machen und mit Gold überziehen. Und du sollst ihn setzen vor den Vorhang, der vor der Lade mit dem Gesetz hängt, und vor den Gnadenthron, der auf der Lade mit dem Gesetz ist, wo ich dir begegnen werde. Und Aaron soll darauf verbrennen gutes Räucherwerk jeden Morgen, wenn er die Lampen zurichtet.

Desgleichen, wenn er die Lampen anzündet gegen Abend, soll er solches Räucherwerk auch verbrennen. Das soll das tägliche Räucheropfer sein vor dem Herrn bei euren Nachkommen. Ihr sollt kein fremdes Räucherwerk darauf tun, auch kein Brandopfer, Speisopfer oder Trankopfer darauf opfern.

Und Aaron soll an den Hörnern dieses Altars einmal im Jahr die Sühnung vollziehen mit dem Blut des Sündopfers, das zur Sühnung dargebracht wird. Solche Sühnung soll jährlich einmal geschehen bei euren Nachkommen. Hochheilig ist der Altar dem Herrn.” (2. Mose 30,1–10)

Die vierte Verlosung fand mit allen Priestern statt. Es wurde der Priester bestimmt, der die Opferteile von der Rampe auf den Altar zur Opferung bringen sollte. Der dazu bestimmte Priester legte dann die Stücke auf das Altarfeuer und goss dazu das Trankopfer aus. Danach stellte er die Gefäße des Räucheropferdienstes bereit: ein großer goldener 3 *Kavim* (6 Liter) umfassender Löffel und ein kleineres, mit Räucherwerk gefülltes Gefäß. Um nichts vom Räucherwerk zu verschütten, tat er beides in ein noch größeres Gefäß.

Dann brachte der Priester, der für die Entfernung der Kohlen des inneren Altars bestimmt war, die Silberschaufel. Er reinigte den äußeren Altar und nahm einige Kohlen mit, die er auf eine goldene Schaufel legte, um sie zum Räucherwerkdienst ins Heiligtum mit sich zu nehmen.

Diese beiden gingen nun zum Heiligtum. Auf dem Weg dorthin, zwischen Saal und Altar, nahm einer der beiden ein *Magrepha* genanntes Gefäß und warf es auf den Boden. Es hatte folgende Funktionen eines Signals:

1. Die Priester, die sich draußen vor dem Heiligtum aufhielten, hörten das Signal und wussten, dass sich ihre Mitpriester bald vor der göttlichen Erscheinung niederwerfen würden: sie warfen sich mit ihnen zusammen nieder.
2. Die Leviten wussten nun, dass der Levitenchor zum täglichen Lied den Hof betreten werde, und beeilten sich, um sich ihnen anzuschließen.
3. Nun sonderte der Vorsitzende der Priestergemeinschaft die unrein gewordenen Priester aus und stellte sie ans Osttor. Auf diese Weise wurde allen deutlich gemacht, dass sie unrein waren und ihren Dienst im heiligen Tempel nicht leisten konnten. So konnte sie niemand eines anderen Grundes verdächtigen, keinen Dienst zu leisten.

Nun gingen die beiden Priester im Heiligtum weiter und stiegen die zwölf Treppen zum Heiligtum empor. Ihnen gingen die beiden Priester voran, die für die Asche und die Menora zuständig waren. Der erste Priester verteilte mit einer Schaufel die Kohlen gleichmäßig auf dem Altar, damit das Räucherwerk gut brennen würde, nahm den Korb mit der Asche mit, den er zuvor stehen gelassen hatte, und verließ das Heiligtum.

Seine Aufgabe war erfüllt. Der zweite Priester schaute, ob die zwei Kerzen noch brannten. Er löschte die *äußere* Flamme, um Öl nachzufüllen und den Docht auszuwechseln, und zündete sie dann wieder an. Die *westliche* Kerze – die zweite Flamme von außen – löschte er nicht aus, denn dies war die *ständige Flamme*. Mit dieser entzündete er abends wieder die Menora. Nur wenn diese Kerze von selbst erloschen war, wechselte er den Docht, füllte Öl nach und zündete sie mit dem Feuer des äußeren Altars erneut an. Er nahm seine Geräte, warf sich einmal vor der göttlichen Erscheinung nieder und verließ das Heiligtum.

Nun betrat der Priester, der den Räucherdienst versah, mit einem Helfer das Heiligtum. Der Priester überreichte dem Helfer das kleinere Gefäß mit dem Räucherwerk. Dieser nahm etwas vom Räucherwerk und legte es in die Hände des Priesters. Weil jeder Priester nur einmal im Leben den Räucherwerkdienst verrichten durfte, hatten sie keine Erfahrung damit. Sie mussten Acht geben, wenn sie das Räucherwerk auf die brennenden Kohlen streuten, denn wenn sie es zu nah zu ihrer Seite hin auf die Kohlen streuten, dann konnten sie sich verbrennen.

Auf die Aufforderung des Aufsehers hin begann der Priester die Körner langsam aus seinen Händen fallen zu lassen. Sobald der gesamte Raum von der Wolke des Räucherwerks erfüllt war, warf er sich nieder und verließ das Heiligtum. Die Priester stellten sich dann auf die zwölf Stufen, die zum Platz vor dem Altar führten.

Nachdem die heiligen Aufgaben im Heiligtum abgeschlossen waren, warfen sich die Priester nieder und verließen das Heiligtum.

Die Priester, die sich um die Asche, um die Menora, um die Schaufel und um das Räucherwerk gekümmert hatten, standen rechts von ihren Mitpriestern, die die Opferteile auf den Altar gelegt hatten. Die im Dienst verwendeten Gefäße hielten sie alle in ihren Händen. Nun legten sie diese Gefäße auf den Boden, wandten sich zur Gemeinde und erteilten ihnen mit ausgestreckten Händen den priesterlichen Segen: “Der Herr segne dich und behüte dich; der Herr lasse sein Angesicht leuchten über dir und sei dir gnädig; der Herr hebe sein Angesicht über dich und gebe dir Frieden.” (4. Mose 6,24–26)

(gegenüber) Der Hohe Priester streut das Räucherwerk vor der Lade des Zeugnisses.

(oben) Die Asche der Roten Kuh wird zur Reinigung all jener, die zum Tempel gehen, vorbereitet. Die Rote Kuh wurde auf dem Altar geschlachtet, der sich auf dem Salbungsberg – gegenüber vom Tempelberg – befindet. Ins Feuer wurden Zedernholz, Ysop und scharlachrote Wolle geworfen. Eine große Menschenmenge, einschließlich der Greise Israels, verfolgte diese Zeremonie.

(rechts) Ein Priester reinigt mit einem Ysopzweig rituell unrein gewordene Personen: er taucht den Zweig in eine Lösung aus reinem Wasser und Asche und sprengt diese auf einen unrein gewordenen Vater und Sohn.

Reinheit im Tempel

Für den heutigen Menschen ist das, was zur Zeit des Tempels als rituell rein bzw. unrein galt, nur schwer verständlich zu machen. Mit physischer Sauberkeit hat es nichts zu tun. Es geht um einen geistlichen Zustand, der von verschiedenen Faktoren abhängig ist. Die schwerste Form der Verunreinigung ist die, wenn man mit einem Toten in Berührung gekommen ist.

Ein unreiner Mensch darf in keinen Kontakt mit etwas Heiligem treten. Einen geheiligten Bereich darf er erst dann wieder betreten, wenn er sich einer Reinigung durch das Besprengen mit Asche von der Roten Kuh unterzogen hat.

Die Priester mussten sich vor jeglicher Form der Verunreinigung hüten. Vor allem durften sie sich nicht mit Toten verunreinigen. Ausgenommen davon waren die von der Thora vorgeschriebenen Rituale bei Blutsverwandten, wobei der Hohe Priester nicht einmal mit diesen in Berührung kommen durfte.

Wie kommt es dazu, dass der Tod und der tote Leib diese Unreinheit verursacht? Das Judentum verherrlicht das Leben und nicht den Tod, wie es in vielen heidnischen Kulten der Fall ist, bei denen den Todesgöttern gedient und geopfert wird.

Die Priester waren in erster Linie Boten des einen Gottes, der sich in der Schöpfung, bei der Leben geschenkt wird, und in der Verheißung ewigen Lebens geoffenbart hat. Wenn ein Lebewesen den Lebensodem ausgehaucht hat, dann ruft nicht der Tod selbst die Unreinheit hervor, sondern die Tatsache, dass das Leben, das Gott geschenkt hat, abwesend ist. Solange der Mensch seinen freien Willen hat und dem Willen seines Schöpfers entsprechend lebt, schafft er ewiges Leben, das fern ist vom Tod. Er ist damit ein lebendiger Beweis dafür, dass der Tod nicht das Ende ist, sondern nur einen Abschnitt beschließt. Was der Mensch als Tod bezeichnet, ist nichts anderes als die Fessel des vergänglichen Lebens, das dem ewigen Leben Platz macht. Unser begrenztes Verständnis kann im Tod nur Trostlosigkeit finden. Dabei handelt es sich um eine sehr kurzsichtige Auffassung, an der wir nichts ändern können bis zu dem Tage, an dem es heißen wird: "Er wird den Tod verschlingen auf ewig. Und Gott der Herr wird die Tränen von allen Angesichtern abwischen und wird aufheben die Schmach seines Volks in allen Landen; denn der Herr hat's gesagt." (Jesaja 25,8)

Aufgrund ihres Standes, der sie über den Schatten des vergänglichen, irdischen Lebens erhaben sein lässt, wurde den Priestern Folgendes befohlen: "Sie sollen auch keine Glatze scheren auf ihrem Haupt noch ihren Bart stutzen und an ihrem Leibe kein Mal einschneiden." (3. Mose 21,5) Viele Völker des Altertums sahen in der Selbstverstümmelung ihrer Körper eine Sühnehandlung für ihre Sünden: dies war ein Tribut, den sie dem Gott des Todes zollten.

Im heiligen Tempel gab es verschiedene Methoden, die Reinheit wieder herzustellen: in erster Linie das Wasserbad.

Um wieder rein zu sein, nachdem man sich mit toter Materie verunreinigt hatte, musste man sich der oben erwähnten Prozedur unterziehen, bei der man mit der Asche der Roten Kuh besprengt wurde.

Die Rote Kuh musste drei Jahre alt, absolut rot und makellos sein. Niemals durfte sie eine Last getragen haben oder mit Geschirr angetan oder den Pflug gezogen haben. Es gibt eine Tradition, die den Begriff der Roten Kuh mit der Sünde des Goldenen Kalbes in Verbindung bringt. Die Rote Kuh wurde auf dem Salbungsberg – genau gegenüber vom östlichen Eingang des Heiligtums – zum Opfer vorbereitet. Nachdem die Kuh geschlachtet worden war, sprengte der Priester, der dem Tempel zugewandt stand, ihr Blut siebenmal. Danach wurde die Kuh auf einem Scheiterhaufen aus Zedern und Ysopholz, an den Beinen mit einem scharlachroten Band zusammengebunden, verbrannt. Ein kleiner Teil der Asche wurde in ein Gefäß getan und mit frischem Quellwasser vermengt. Dies wurde mit Hilfe eines Ysopzweiges auf den unrein gewordenen Menschen gesprengt. Am siebten Tag nach dieser Prozedur musste diese Person im Wasserbad, der Mikva, eintauchen.

Die priesterlichen Gewänder

Gott befahl Moses, die Gewänder der Priester würdevoll und schön wie königliche Kleider zu gestalten.

"Du sollst Aaron, deinen Bruder, und seine Söhne zu dir herantreten lassen aus der Mitte der Israeliten, dass er mein Priester sei, er und seine Söhne Nadab, Abihu, Eleasar und Itamar. Und du sollst Aaron, deinem Bruder, heilige Kleider machen, die herrlich und schön seien, und sollst reden mit allen, die sich darauf verstehen, die ich mit dem Geist der Weisheit erfüllt habe, dass sie Aaron Kleider machen zu seiner Weihe, dass er mein Priester sei. Dies sind aber die Kleider, die sie machen sollen: Brusttasche, Schurz, Obergewand, gewirktes Untergewand, Kopfbund und Gürtel. Diese heiligen Kleider sollen sie deinem Bruder Aaron und seinen Söhnen machen, dass er mein Priester sei." (2. Mose 28,1-4)

Warum misst die Bibel den Gewändern solch eine große Bedeutung zu? Sie besitzen eine bestimmte Heiligkeit, die immerhin so mächtig ist, dass sie denjenigen heiligen, der die Gewänder berührt: "... damit sie das Volk nicht durch ihre Kleider mit dem Heiligen in Berührung bringen." (Hesekiel 44,19).

Die priesterlichen Kleider hatten keine Nähte, denn sie wurden am Stück gewoben. Die einzige Ausnahme waren die Ärmel des Purpurrockes, die einzeln gewoben und dann in den Rock genäht wurden.

Es gab drei Gruppen priesterlicher Gewänder:

1. Die Tracht des Hohen Priesters wurde das ganze Jahr hindurch getragen. Sie bestand aus acht Kleidungsstücken, die die *goldenen Kleider* genannt wurden.

2. Die Gewänder, die der Hohe Priester nur am Versöhnungstag trug, waren vier Kleidungsstücke und wurden die *weißen Kleider* genannt.

3. Die Dienstkleidung der gewöhnlichen Priester bestand aus vier Kleidungsstücken. Die Kleidungsstücke, die der Hohe Priester das ganze Jahr über trug, waren folgende: "Dies sind aber die Kleider, die sie machen sollen: Brusttasche, Schurz (Ephod), Obergewand, gewirktes Untergewand, Kopfbund und Gürtel." (2. Mose 28,4) "Du sollst auch ein Stirnblatt machen aus feinem Golde ..." (2. Mose 28,36) "Und du sollst ihnen leinene Beinkleider machen ..." (2. Mose 28,42)

Für den Versöhnungstag sind folgende Kleider vorgeschrieben: "und [der Hohe Priester] soll das heilige leinene Gewand anlegen, und leinene Beinkleider sollen seine Blöße bedecken, und er soll sich mit einem leinenen Gürtel gürten und den leinenen Kopfbund umbinden ..." (3. Mose 16,4) Diese Kleider wurden aus weißem Flachs hergestellt und mussten mit einem sechsfachen Faden gewoben werden.

Der Hohe Priester besaß zwei Röcke für den Versöhnungstag: einen trug er am Morgen und den anderen am Abend. Nach Abschluss des Versöhnungstages trug er die

Der Hohe Priester mit dem Hut und der Krone.

Gewänder, mit denen er den Dienst versehen hatte, niemals wieder. Sie wurden dort gelassen, wo er sie ausgezogen hatte: "Und Aaron soll in die Stiftshütte gehen und die leinenen Kleider ausziehen, die er anzog, als er in das Heiligtum ging, und sie dort lassen." (3. Mose 16,23)

Der normale Priester trug das ganze Jahr über vier Kleidungsstücke, die mit den *weißen Kleidern* des Hohen

Priesters identisch waren: "Und den Söhnen Aarons sollst du Untergewänder, Gürtel und hohe Mützen machen ... Und du sollst ihnen leinene Beinkleider machen ..." (2. Mose 28,40–42)

Für die Herstellung der priesterlichen Gewänder wurden fünf Materialien verwendet: Gold, *Techelet* (himmelblaue Wolle), dunkelrote Wolle, purpurrote Wolle und gezwirntes Leinen.

Das Gold wurde zuerst zu dünnen Platten gehämmert, um dann in feine Fäden geschnitten zu werden. Die *techelet*, himmelblaue Farbe, wurde aus einem wirbellosen Tier, das im Wasser lebt und als *Chilason* bekannt war, hergestellt. Die Identifizierung des Tieres und die angewandte Methode zur Erzeugung des Farbstoffes sind Themen umfangreicher Forschung. Es wird vermutet, dass es sich um die Mittelmeerschnecke murex trunculus handelt.

Die dunkelrote Farbe, die wahrscheinlich einem violetten Ton ähnelt, wird möglicherweise auch aus derselben Schnecke gewonnen. Der Farbton wäre dann davon abhängig, wie lange man den Stoff vor der Verwendung dem Sonnenlicht ausgesetzt hätte.

Die purpurrote Farbe gewinnt man aus dem Purpurwurm, dem cernens biblicus, einem Muschelinsekt.

Das in 3.Mose verwendete Wort für Leinen ist schesch, das wörtlich übersetzt sechs bedeutet. Es deutet darauf, dass jeder in diesem Kleidungsstück verwendete Faden ein sechsfacher Leinenfaden sein musste.

Das Priesterschurz (Ephod) und die Brusttasche wurden aus allen fünf Materialien hergestellt: "Den Priesterschurz sollen sie machen aus Gold, blauem und rotem Purpur, Scharlach und gezwirnter feiner Leinwand, kunstreich gewirkt." (2. Mose 28,6); und "Die Brusttasche für die Losentscheidungen sollst du wie den Priesterschurz machen, kunstreich gewirkt, aus Gold, blauem und rotem Purpur, Scharlach und gezwirnter feiner Leinwand." (2. Mose 28,15)

Im heiligen Tempel wurden von den Priestern drei verschiedene Gürtel getragen:

1. Der Gürtel des Hohen Priesters, den er das ganze Jahr über trug. Er gehörte zu den *goldenen Gewändern* und war mit den anderen aufgeführten Materialien bestickt: "und den Gürtel in Buntwirkerarbeit aus gezwirnter feiner Leinwand, blauem und rotem Purpur und Scharlach ..." (2. Mose 39,29)
2. Der Gürtel des Hohen Priesters für den Versöhnungstag, der zu den *weißen Gewändern* gehörte.
3. Der Gürtel des einfachen Priesters. Hier gibt es unter den Gelehrten zwei verschiedene Ansichten: Die einen sagen, es sei derselbe Gürtel wie der, der zu den *goldenen Gewändern* zähle, die anderen nehmen an, es sei derselbe, den der Hohe Priester am Versöhnungstag trage.

Der Purpurrock wurde von Granatäpfeln verziert: "Und unten an seinem Saum sollst du Granatäpfel machen aus

Innerhalb des Heiligtums: der dem Vorhang zugewandte Hohe Priester mit den acht goldenen Gewändern kniet in Richtung Allerheiligstes. Links vom goldenen Räucheraltar zündet ein Priester die Menora an. Auf der rechten Seite steht der goldene Tisch mit den Schaubroten.

blauem und rotem Purpur und Scharlach ringsherum und zwischen sie goldene Schellen auch ringsherum." (2. Mose 28,33) Auch der untere Teil war mit Glocken verziert, die aus purem Gold glänzten. Aus demselben Gold war auch sein Stirnblatt angefertigt.

Der Purpurrock wurde am Stück nur aus blau gefärbter Wolle hergestellt: "Du sollst auch das Obergewand unter dem Schurz ganz aus blauem Purpur machen." (2. Mose 28,31) Aus zwölffachen Fäden wurde es gearbeitet.

Eines der wichtigsten Gewänder des Hohen Priesters war sein Leibrock (Ephod), der eine Art Schürze darstellte. Hinten trug er die Schürze über seinen anderen Kleidungsstücken. Vorne war sie mit einem langen Gürtel befestigt, der entlang der oberen Saumlänge des Ephods eingewoben war. Außerdem wurde es durch zwei am Gürtel angenähte Schulterbänder getragen. Auf den Schultern waren die goldenen Fassungen für die zwei Onyxsteine, die Erinnerungssteine: "Und du sollst sie auf die Schulterteile des Schurzes heften, dass es Steine seien zum gnädigen Gedenken an die Israeliten, so dass Aaron ihre Namen auf seinen beiden Schultern trage vor dem Herrn, damit der Herr ihrer gedenke." (2. Mose 28,12) Auf diesen wurden die Namen der Stämme Israels eingraviert: "Und du sollst zwei Onyxsteine nehmen und darauf eingraben die Namen der Söhne Israels, auf jeden sechs Namen nach der Ordnung ihres Alters." (2. Mose 28,9–10)

Zwei weitere quadratische Goldfassungen waren genau unter den Onyxsteinen auf den Schultern des Hohen Priesters angebracht. Goldene Ketten verbanden diese Fassungen mit den goldenen Haken in den Ringen der Brusttasche, mit dem die Brusttasche am Ephod befestigt war: "Die Brusttasche für die Losentscheidungen sollst du wie den Priesterschurz machen, kunstreich gewirkt, aus Gold, blauem und rotem Purpur, Scharlach und gezwirnter feiner Leinwand." (2. Mose 28,15)

Die Brusttasche heißt auf Hebräisch *choschen mischpat*. Es bedeutet Brusttasche des Richtens bzw. Entscheid. Es war quadratisch und wurde über dem Herzen getragen. Es wurde aufgrund seiner einzigartigen Funktion so genannt, die es bei schicksalsschweren Entscheidungen innehatte. Es bestand aus einem gemusterten Brokat und war aus den gleichen Materialien wie das Ephod hergestellt. Die Brusttasche war mit vier Reihen kleiner quadratischer Steine versehen, deren Fassungen goldbestickt waren. In jeder Reihe waren drei Steine. Die insgesamt zwölf Steine stellten die zwölf Stämme Israels dar, und jeder Stein trug den Namen eines Stammes.

"Und du sollst sie besetzen mit vier Reihen von Steinen. Die erste Reihe sei ein Sarder, ein Topas und ein Smaragd, die andere ein Rubin, ein Saphir und ein Diamant, die dritte ein Lynkurer, ein Achat und ein Amethyst, die vierte ein Türkis, ein Onyx und ein Jaspis; in Goldgeflecht sollen sie gefasst sein. Zwölf sollen es sein in Siegelstecherarbeit nach den Namen der Söhne Israels, dass auf jedem ein Name stehe nach den zwölf Stämmen." (2. Mose 28,17–21)

Die Übersetzung der Namen dieser zwölf Steine und deren Identifikation ist eine der schwierigsten Aufgaben, die mit dem Tempel in Verbindung stehen.

Der Zweck der zwölf Steine und der zwei Onyxsteine ist der, vor dem Herrn zu gedenken (2. Mose 28,29). Wenn der Hohe Priester die Brusttasche zum heiligen Ort mit sich

Der Hohe Priester mit der Brusttasche.

(gegenüber) Künstlerische Darstellung der Brusttasche mit den hebräischen Namen der Stämme Israels. Es sind verschiedene Steine, die für dieses Gewand in Frage kommen.

THE BREAST PLATE of the JEWISH HIGH PRIEST
לוי
שמעון
יהודה
יששכר
דן
בנימין
אשר
גד
נפתלי

trug, wurde Israel an den Frieden erinnert. Die Weisen lehren, dass das Ephod dem Wohlergehen Israels diente und die Brusttasche ihrer Rettung und Befreiung von den Feinden.

"Und du sollst in die Brusttasche tun die Lose 'Licht und Recht' [Urim und Tumim], sodass sie auf dem Herzen Aarons seien, wenn er hineingeht vor den Herrn, dass er die Entscheidungen für die Israeliten auf seinem Herzen trage vor dem Herrn allezeit." (2. Mose 28,30)

Die "Urim und Tumim" erinnern noch an die orakelähnliche Funktion der Brusttasche, die die Antwort zu wichtigen Fragen vermittelte. Die meisten Fachleute glauben, dass sich der Ausdruck "Urim und Tumim" nicht auf die Brusttasche, sondern auf den mystischen Namen Gottes bezieht, den man auf ein Pergamentstück schrieb und in eine Klappe dieses Kleidungsstückes legte. Durch das Vorhandensein des Namens war es beim Befragen Gottes möglich, dass als Antwort spezielle Buchstaben in den Steinen aufleuchteten.

Zur Zeit der Stiftshütte nahm Moses die ursprünglichen Urim und Tumim und legte sie in die Brusttasche, nachdem Aaron den Ephod angezogen hatte: "... und tat ihm den Priesterschurz [Ephod] um und gürtete ihn mit dem Gurt des Schurzes. Dann tat er ihm die Brusttasche an und legte in die Tasche die Lose 'Licht und Recht' [Urim und Tumim]." (3. Mose 8,7–8)

Das Befragen der "Urim und Tumim" spielte sich folgendermaßen ab: Sobald eine Frage zu klären war, die für die gesamte Gemeinschaft Israels von Bedeutung war – z.B. die Frage von Krieg und Frieden – stellte der König Israels (oder der Befehlshaber der Armee) die entsprechende Frage vor dem Hohen Priester. Der Hohe Priester stand direkt vor der Bundeslade und derjenige, der die Frage ganz leise stellte, hinter dem Hohen Priester. Der Hohe Priester, der von der göttlichen Erleuchtung eingehüllt war, starrte seine Brusttasche an und erhielt anhand einer prophetischen Vision die Antwort, während er über die göttlichen Namen meditierte. Die prophetische Vision war dergestalt, dass die Buchstaben auf den Steinen, die in seinen Augen auf eine besondere Art und Weise aufleuchteten, die Antwort zur gestellten Frage buchstabierten.

Flavius Josephus schreibt, dass es als ein Zeichen des bevorstehenden Sieges gedeutet wurde, wenn die Steine von selbst auch dann aufleuchteten, wenn Israel in den Krieg zog. (Ant. 3,8.9)

Die meisten Gelehrten gehen davon aus, dass der Purpurrock nahtlos aus einem Stück Stoff gewoben war. Dieser wurde über der Hemdbluse getragen, die an den Armen sichtbar blieb, weil sie länger war. Der Ausschnitt war rund und mit einem doppelt gewobenen Saum versehen. Es reichte bis zu den Füßen des Hohen Priesters.

Der Saum des Purpurrockes musste doppelt gewoben werden, damit er unter dem Gewicht der goldenen Granatäpfel und Glocken nicht riss: "Und oben in der

Der Hohe Priester und der König Israels stellen den "Urim und Tumim" im Allerheiligsten eine Frage. Die "Urim und Tumim" waren eine Art, in der sich der Ewige Israels über Generationen seinem Volk offenbarte. Sobald in Israel eine Frage größter nationaler Bedeutung zur Debatte stand, wurden die "Urim und Tumim" befragt.

Mitte soll eine Öffnung sein und eine Borte um die Öffnung herum in Weberarbeit wie bei einem Panzerhemd, dass sie nicht einreiße." (2. Mose 28,32) Bei den Granatäpfeln handelte es sich um hohle Stoffballen.

Die Krone war eine dünne Platte und bestand aus einem massiven Stück Gold. Während eine königliche Krone auf dem Kopf getragen wird, wurde diese auf der Stirn getragen und reichte von Ohr zu Ohr. Auf dieser Krone waren die Worte "Heiligkeit für Gott" eingraviert. Rabbi Elieser, Sohn des Rabbi Jose, hatte die Krone aus der Zeit der Zerstörung des zweiten Tempels in Rom gesehen und berichtet, dass diese Worte in einer Zeile standen. Der Talmud und auch Josephus berichten uns, dass nach der Zerstörung des zweiten Tempels viele heilige Gefäße mitgenommen und in Rom ausgestellt wurden. "Und es soll sein auf der Stirn Aarons, damit Aaron bei allen ihren Opfern alle Sünde trage, die an den heiligen Gaben der Israeliten haftet. Und es soll allezeit an seiner Stirn sein, dass sie wohlgefällig seien vor dem Herrn." (2. Mose 28,38)

(oben links) Die Krone des Hohen Priesters. Sie war aus purem Gold und wurde auf der Stirn getragen.

(oben rechts) Der Hohe Priester in seinen acht goldenen Gewändern.

Die Krone hatte drei kleine Löcher: zwei an den beiden Enden und eins in der Mitte des oberen Randes. Mit einem blau gefärbten Faden, der durch diese Löcher lief, war die Krone am hinteren Teil des Kopfes befestigt.

Der Turban wurde in der Weise auf den Kopf gesetzt, dass zwischen dem Turban und der Stirnplatte ein Abstand bestehen blieb, damit der Hohe Priester die Tefillin, die Gebetsriemen für den Kopf, tragen konnte. Der mittlere blaue Faden von der Krone wurde zum Turban nach hinten gezogen, wo er mit den anderen Fäden verbunden

(links) Der Hohe Priester in den goldenen Gewändern.

(rechts) Priester bei ihren Diensten oben auf dem Altar und um den Altar herum.

wurde: "Und du sollst es heften an eine Schnur von blauem Purpur vorn an den Kopfbund." (2. Mose 28,37)

"Und sie machten auch die Untergewänder aus feiner Leinwand, gewebt, für Aaron und seine Söhne" (2. Mose 39,27). Der Rock hing eng am Körper und reichte vom Nacken bis zu den Füßen. Er musste über den Kopf angezogen werden. In 2. Mose 28,4 wird er als ein "gewirktes Untergewand" beschrieben, was darauf hinweist, dass sein Muster aus vielen kleinen Schachteln und Zellen bestand und nicht ein gewöhnliches Kreuzwebemuster zeigte.

"Du sollst auch ... einen Kopfbund aus feiner Leinwand machen ... Und den Söhnen Aarons sollst du ... hohe Mützen machen ..." (2. Mose 28,39–40) Der Kopfbund des Hohen Priesters bestand aus einem schmalen, aber langen (16 Ellen, ca. 7 m) Band aus weißem Leinen, das mehrmals um den Kopf des Hohen Priesters gewickelt wurde. Nach Josephus wurde noch ein himmelblaues Wollkäppchen diesem weißen Turban aufgesetzt. Des weiteren seien drei goldene, mit Blumen dekorierte Bänder über dieses Käppchen gelegt worden, sodass der Turban wie eine Krone erschienen sei, die nach vorne hin ihre Öffnung habe, wo die Tefillin und die Goldplatte der Stirn hätten befestigt werden können.

Über den Kopfbund der normalen Priester gehen die Meinungen der Gelehrten wieder auseinander: Die einen glauben, dass der einzige Unterschied zwischen ihrer Kopfbedeckung und der des Hohen Priesters die Art war, wie er aufgesetzt wurde: dem Hohen Priester wurde er um den Kopf gewickelt, während ihn die anderen Priester einfach aufsetzten. Die anderen gehen davon aus, dass er den Priestern ebenfalls um den Kopf gewickelt wurde, aber kegelförmig auf dem Kopf saß.

Nach dem Talmud und laut Maimonides war der weiße Leinengürtel nur ca. 2 cm breit, wurde aber aus einem äußerst langen Stück Stoff gefertigt. Josephus beschreibt den Gürtel so, als sei er hohl (Ant. 3,7.2); außerdem als Produkt einer Stickerei. Wo die Bibel diesen Begriff im Zusammenhang mit den Tempeleinrichtungen verwendet, weist sie indirekt darauf hin, dass dasselbe Muster auf beiden Seiten des Stoffes erscheint. Die Stickerei des leinenen Gürtels – ein Blumenmuster – war aus dreifarbigen Wollfäden angefertigt und wurde auf dem Leinen festgemacht. Eigentlich war die Kombination von Wolle und Leinen verboten (vgl. 3. Mose 19,19), aber die priesterlichen Gewänder machten eine Ausnahme.

Der Gürtel wurde mehrmals um den Körper herumgewickelt; er sollte den oberen Körperteil vom unteren trennen, denn nach der Vorschrift des jüdischen Gesetzes musste diese Trennung zu Zeiten des Gebetes oder beim Erwähnen von heiligen Dingen beachtet werden. Nach Josephus hingen die beiden Enden des Gürtels bis zu den Fußknöcheln des Priesters hinunter. Damit sie ihn bei seiner Arbeit nicht stören würden, warf der Priester die beiden Enden über seine linke Schulter.

"Und du sollst ihnen leinene Beinkleider machen, um ihre Blöße zu bedecken, von den Hüften bis an die Schenkel." (2. Mose 28,42) Die übrigen heiligen Gewänder waren zur Ehre und zur Schönheit und sollten den Dienst verherrlichen und hatten gleichzeitig noch eine tiefere Bedeutung. Dies trifft für die Beinkleider nicht zu, denn sie dienten einzig der Sittsamkeit. Diese Beinkleider waren geschlossen und reichten von der Taille bis zu den Knien.

"Es gab sieben Tore im Hof: drei im Norden, drei im Süden und eins im Osten ... das östliche war das Nikanortor, und darin waren zwei Kammern, eine auf der rechten Seite und eine auf der linken Seite. Die eine Kammer war die Kammer des Phineas, der Verantwortliche für die Kleiderkammer, und in der anderen Kammer wurden die Speiseopfer des Hohen Priesters vorbereitet." (Midot 1,4) Zur Zeit des zweiten Tempels war Phineas der Verantwortliche für die Kleiderkammer. Er überwachte die Uniformen und das Bekleiden der Priester.

Beim Ankleiden der Dienstgewänder zogen die normalen Priester die Beinkleider an, ohne zuvor ihre eigenen Kleider ausgezogen zu haben; sie wurden später von unten her entfernt. Dann wurde der enge Rock angezogen und der Gürtel umgebunden. Zum Schluss wurde ihm der Kopfbund aufgesetzt.

Der Hohe Priester kleidete sich auf dieselbe Art und Weise. Erst wenn der Gürtel festgebunden war, zog der Hohe Priester den Purpurrock an. Danach wurde das Ephod um den Purpurrock gelegt und die Brusttasche ans Ephod festgemacht. Schließlich wurde der Kopf des Hohen Priesters in den Turban gewickelt und die Krone auf seiner Stirn festgemacht.

Schuhe oder Sandalen wurden von den Priestern zur Wahrung der Heiligkeit des Tempels, aber auch der des ganzen Tempelkomplexes nicht getragen. Sie liefen barfuß auf den Marmorböden der Tempelhöfe.

Der Hohe Priester sprengt das Blut des Bockes einmal nach oben und siebenmal nach unten. Es wird nicht auf den Vorhang selbst, sondern dem Vorhang und somit auch der Lade gegenüber gesprengt. Der Standort der Lade hinter dem Vorhang wird durch das Vorstehen der zwei Stangen angezeigt.

BARANOVSKY I

Der Versöhnungstag

Am Versöhnungstag – dem Jom Kippur – mussten alle heiligen Aufgaben vom Hohen Priester selbst ausgeführt werden. Er allein war an diesem heiligsten aller Tage für den gesamten heiligen Dienst verantwortlich, der 15 einzelne Opfer, das Räucherwerk, die Reinigung der Menora und andere Aufgaben umfasste.

Zur Vorbereitung für diesen besonderen Tag musste der Hohe Priester einiges tun: So wie sich Aaron – der erste Hohe Priester – abgesondert hatte, musste sich auch der jeweils amtierende Hohe Priester eine Woche lang in seine Kammer im heiligen Tempel zurückziehen: "Und ihr sollt sieben Tage lang nicht weggehen von der Tür der Stiftshütte, bis die Tage eures Einsetzungsopfers um sind; denn sieben Tage sollen eure Hände gefüllt werden." (3. Mose 8,33)

Einer der Priester wurde zum Vertreter des Hohen Priesters bestimmt, falls sich jener versehentlich verunreinigt hätte. Für diesen Stellvertreter wurde auch eine zusätzliche Garnitur der *goldenen Kleider* angefertigt.

Die Woche im Heiligtum nutzte der Hohe Priester dazu, die Vorschriften für die Aufgaben am heiligen Tag sorgfältig zu studieren. Außerdem führte er in dieser Zeit bestimmte Dienste selbst aus, auch wenn es nicht zu seiner Pflicht gehörte, um sich mit diesen vertraut zu machen. So sprengte er zum Beispiel das Blut des täglichen Opfers auf den Altar, brachte das Räucheropfer auf dem goldenen Altar dar und kümmerte sich um die Menora. Es war eine Zeit der intensiven Vorbereitung: jeden Tag lasen ihm die Alten des Sanhedrins die Bibelabschnitte vor, die den bevorstehenden Dienst beschrieben.

Am Morgen vor dem Versöhnungstag stand der Hohe Priester am Osttor, wo man Kühe, Widder und Schafe an ihm vorbeilaufen ließ. Diese musterte er, während er sich die Bibelabschnitte, die seine Dienste beschrieben, vergegenwärtigte.

Wenn der Hohe Priester das Räucheropfer darbrachte, durfte ihm niemand der Priester zusehen, wie es in der Bibel gefordert wird: "Kein Mensch soll in der Stiftshütte sein, wenn er hineingeht, Sühne zu schaffen im Heiligtum, bis er herauskommt." (3. Mose 16,17)

In der Nacht, mit dem der Versöhnungstag beginnt, war es dem Hohen Priester verboten zu schlafen, damit verhindert wurde, dass er sich unabsichtlich in der Nacht verunreinigen würde. Wachend beschäftigte er sich mit den Worten der Heiligen Schrift. Ihm wurde aus den Büchern Hiob, Esra und den Chroniken vorgelesen. Zum Teil erläuterte er verschiedene Verse.

Sobald der Hohe Priester schläfrig wurde, schnippten die jungen Priesterschüler mit ihren Fingern und riefen: "Herr! Hohe Priester! Stehe auf und stelle dich auf den Fußboden." Weil die Priester barfuß im Tempel dienten, musste sich der Hohe Priester mit seinen Füßen auf den kalten Marmorboden stellen, was seinen Schlaf verdrängte.

Am Morgen vor dem Versöhnungstag steht der Hohe Priester am Osttor, während man Kühe, Widder und Schafe an ihm vorbeilaufen ließ.

"Und der Herr redete mit Mose, nachdem die zwei Söhne Aarons gestorben waren, als sie vor dem Herrn opferten, und sprach: Sage deinem Bruder Aaron, dass er nicht zu jeder Zeit in das Heiligtum gehe hinter den Vorhang vor den Gnadenthron, der auf der Lade ist, damit er nicht sterbe; denn ich erscheine in der Wolke über dem

Gnadenthron. Er soll hineingehen mit einem jungen Stier zum Sündopfer und mit einem Widder zum Brandopfer und soll das heilige leinene Gewand anlegen, und leinene Beinkleider sollen seine Blöße bedecken, und er soll sich mit einem leinenen Gürtel gürten und den leinenen Kopfbund umbinden, denn das sind die heiligen Kleider; er soll seinen Leib mit Wasser abwaschen und sie dann anlegen. Und er soll von der Gemeinde der Israeliten zwei Ziegenböcke entgegennehmen zum Sündopfer und einen Widder zum Brandopfer. Und Aaron soll einen Stier, sein Sündopfer, darbringen, daß er für sich und sein Haus Sühne schaffe." (3. Mose 16,1–6)

Der Stier, den der Hohe Priester für seine persönliche Sünde als Sühne opferte (und für die seiner ganzen Familie), musste ihm persönlich gehören. Der Hohe Priester näherte sich dem Stier, indem er sein Angesicht dem Heiligtum zuwandte. Dann legte er seine beiden Hände zwischen die Hörner auf den Kopf des Stieres und sprach sein Sündenbekenntnis:

Oh Herr, vor dir bekenne ich, dass ich gesündigt habe,
ich habe vor dir gefrevelt,
ich und mein Haus.
Oh Herr, mit deinem heiligen Namen sühne doch die Sünden,
die Verfehlungen, die Frevel, die ich begangen habe:

ich und mein Haus.
Wie in der Thora
deines Knechtes Mose geschrieben steht:
Denn am heutigen Tag sühnt er euch,
von allen euren Sünden
– vor dem Herrn sollt ihr gereinigt werden.

Während der Gebete dieses heiligen Tages sprach der Hohe Priester den unaussprechlichen Namen Gottes aus: das Tetragramm, das mit den Buchstaben JHWH geschrieben wird. Im Hebräischen ist er als Gottes Eigenname bekannt und bezeichnet den heiligen Gott als die einzige Quelle der gesamten Existenz. Außerhalb des Tempels

(oben links) Der Hohe Priester legt über dem Stier sein Sündenbekenntnis ab. Sobald die Gemeinde den heiligen Namen vernimmt, wirft sie sich nieder.

(oben rechts) Der Hohe Priester steigt die Wendeltreppe zur Kammer hinauf, in der er ins Wasserbad eingetaucht wird. Ein zweiter Priester geht hinter ihm her und trägt die weißen Kleider zum Kleiderwechsel in den Händen.

Am Versöhnungstag wirft der Hohe Priester über die zwei Ziegenböcke das Los, um bestimmen zu lassen, welcher als Opfer dargebracht und welcher zum Sündenbock gemacht werden soll.

wurde Gott mit diesem Namen nie genannt. Aber auch innerhalb des Tempels wurde dieser heiligste Name eigentlich nicht so ausgesprochen, wie er geschrieben wurde. Während des Dienstes am Versöhnungstag hatte der Hohe Priester zehnmal einen Anlass ihn auszusprechen:

Dreimal sprach er ihn während seines Bekenntnisses aus. Die Gemeinde, die im Hof versammelt war, antwortete stets auf das Ausrufen des Namens: "Gesegnet sei der Name seines herrlichen Reiches bis in alle Ewigkeit." Dies basiert auf dem Vers im Lied des Mose: "Denn ich will den Namen des Herrn preisen. Gebt unserm Gott allein die Ehre!" (5. Mose 32,3)

Der ganze Versöhnungstag hatte etwas Ergreifendes und war von spannungsvoller Erwartung und tiefer, persönlicher Reue erfüllt. Einer der spannendsten Augenblicke des Tages war das Ziehen des Loses zur Bestimmung des Sündenbockes, der für Israels Sünden verstoßen werden musste.

Nachdem der Hohe Priester sein Schuldbekenntnis über dem Stier abgelegt hatte, ging er in Begleitung zweier Priester zum südlichen Teil des Hofes, indem er stets sein Gesicht dem Eingang zuwandte: zu seiner Rechten sein "Gehilfe", der als Vertreter für den Hohen Priester vorgesehen worden war, und zu seiner Linken der Vorsteher der Familie, die an diesem Wochentag für den Dienst im Tempel verantwortlich war.

Im östlichen Abschnitt des Hofes, nördlich vom Altar, wurden zwei Böcke zum Losen bereitgestellt: "Und er soll von der Gemeinde der Israeliten zwei Ziegenböcke entgegennehmen zum Sündopfer und einen Widder zum Brandopfer ... und danach zwei Böcke nehmen und vor den Herrn stellen an der Tür der Stiftshütte und soll das Los werfen über die zwei Böcke: ein Los dem Herrn und das andere dem Asasel." (3. Mose 16,5–8)

In der hölzernen Urne befanden sich zwei Lose. Auf dem einen standen die hebräischen Worte für "für den Herrn", auf dem anderen "für Asasel". Asasel ist eigentlich der Name für den Ort, zu welchem der Sündenbock geschickt wurde. Es handelt sich um einen hohen, felsigen Abgrund

קלפי

in der judäischen Wüste, in den der Bock zu Tode gestürzt wurde.

Ursprünglich waren die Lose wahrscheinlich aus Buchsbaumholz gemacht. Seit der Amtszeit des Hohen Priesters Jehoschua ben Gamla sind sie aus Gold angefertigt, um der Ehre des heiligen Tages willen.

Der Hohe Priester griff mit seinen Händen in die Losschachtel und mischte die beiden Lose. Wenn er schließlich das Los "für den Herrn" in seiner rechten Hand hielt, wurde dies als ein verheißungsvolles Zeichen gewertet.

Danach legte der Hohe Priester die beiden Lose zwischen die Hörner auf die Häupter der Ziegenböcke. Das Los, das er in seiner rechten Hand hielt, legte er auf das Tier zu seiner Rechten. Sobald er das Los "für den Herrn" auf das Opfertier legte, rief er laut: "für den Herrn, ein Sündopfer", wobei er den unaussprechlichen Namen Gottes verwendete. Die Gemeinde erwiderte den Vers: "Gesegnet sei der Name seines herrlichen Reiches bis in alle Ewigkeit."

Dann nahm der Hohe Priester einen purpurroten Wollfaden. Dem Sündenbock legte er ein Stück davon um die Hörner, dem Opfertier ein ähnlich langes Stück um den Hals. Aufgrund des folgenden Verses bei Jesaja wurde die Wolle purpurrot gefärbt: "... Wenn eure Sünde auch

(links) Am Osttor legt der Hohe Priester über dem Ziegenbock ein Sündenbekenntnis ab. Wenn die anwesende Gemeinde die Worte "Oh Herr" vernahm, warf sie sich nieder. Während des Bekenntnisses wiederholte sich das dreimal.

(unten) Der Hohe Priester legt seine Hände auf den Kopf des Ziegenbockes, während er das Sündenbekenntnis ablegt: "Dann soll Aaron seine beiden Hände auf dessen Kopf legen ..." (3. Mose 16,21)

blutrot ist, soll sie doch schneeweiß werden, und wenn sie rot ist wie Scharlach, soll sie doch wie Wolle werden." (Jesaja 1,18)

Alle verschiedenen Dienste am *Jom Kippur* erfolgten in einer ganz bestimmten Reihenfolge. Sobald die Böcke soweit vorbereitet waren, begab sich der Hohe Priester wieder zu seinem persönlichen Opfertier, dem Stier. Erneut legte er nun ein Sündenbekenntnis über dem Stier ab: diesmal auch für seine Mitpriester. Mit aufgelegten Händen trug er seine Bitte vor:

Oh Herr, ich bitte dich!
Ich habe gesündigt, ich habe gefehlt, ich und mein Haus
haben vor dir gefrevelt
und die Söhne Aarons, dein heiliges Volk.
Oh Herr, ich bitte dich, mit deinem heiligen Namen
sühne doch die Sünden, die Verfehlungen, die Frevel,
die ich begangen habe,
ich und mein Haus
und die Söhne Aarons, dein heiliges Volk.
Wie in der Thora deines Knechtes Mose geschrieben steht:
Denn an diesem Tag soll euch Sühne widerfahren,
euch von all eurer Sünde zu reinigen,
– vor dem Herrn sollt ihr gereinigt werden.

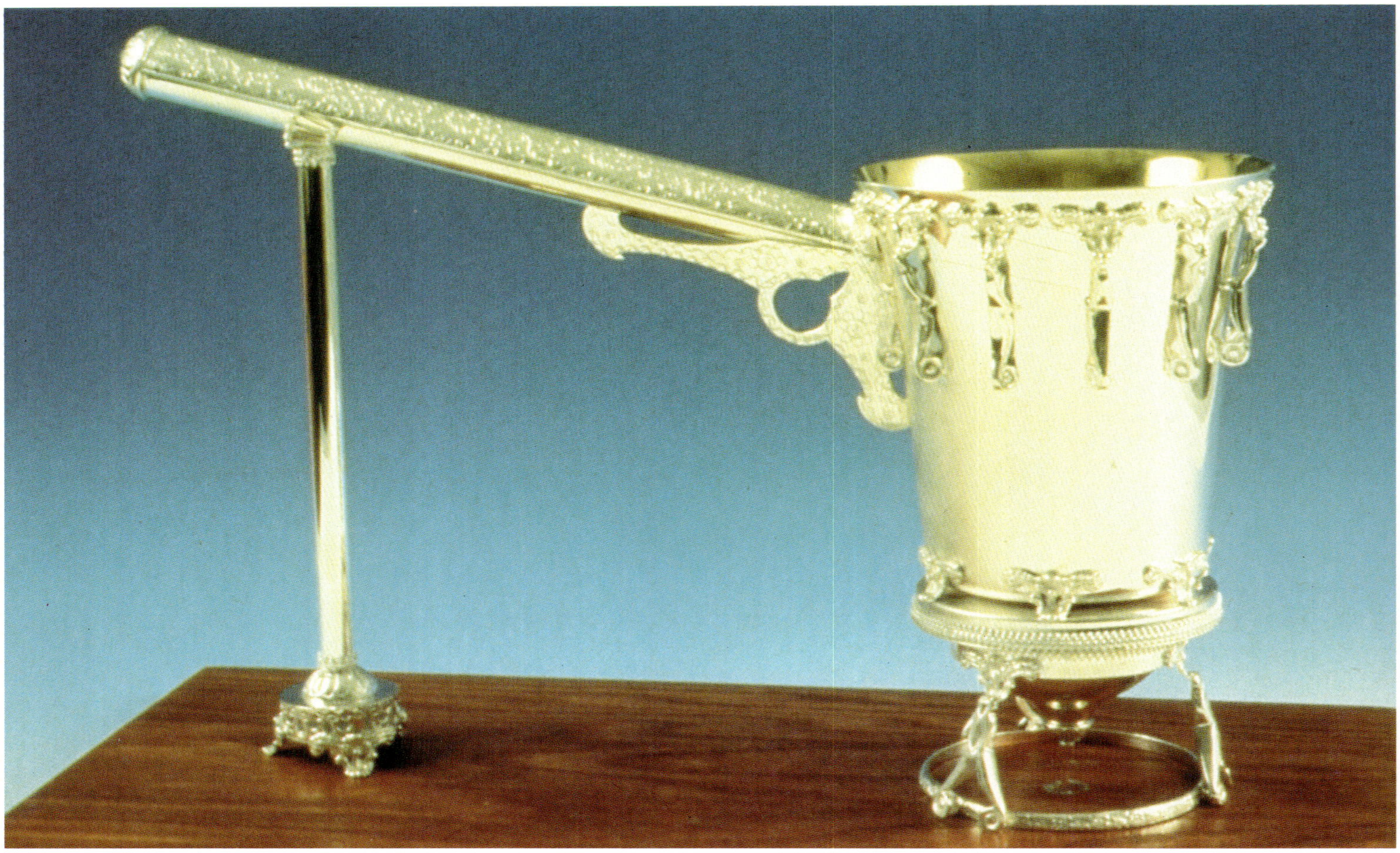

(oben) Der Misrakbehälter war zum Auffangen der Blutes der Opfer da.

(rechts) Der Hohe Priester versprengt das Opferblut vor dem Allerheiligsten mit dem Misrakbehälter.

(gegenüberliegende Seite) Die Silberschaufel dient zur Entfernung der Asche.

Nach seinem zweiten Sündenbekenntnis schlachtete der Hohe Priester den Stier und fing das Blut des Opfertieres in dem *Misrakbehälter* auf. Den Behälter reichte er schließlich einem Priester. Dieser ging mit dem Gefäß vor den Eingang des Heiligtums und hielt dieses mit einem kreisförmigen Schwenken ständig in Bewegung, um die Gerinnung des Blutes zu verhindern, da es andernfalls nicht mehr auf den Altar hätte gesprengt werden dürfen.

Der Hohe Priester hatte sich hingegen bereits mit der Vorbereitung des Räucherdienstes zu beschäftigen. Er stieg mit einer goldenen Räucherwerkschaufel den im Hof stehenden Altar empor. Die Schaufel war mit einem besonders langen Griff versehen, um ihm die besonders schwierigen Bewegungen, die für das Räucheropfer am heutigen Tag vorgesehen waren, zu erleichtern. Mit dieser Schaufel nahm er ein paar glühende Kohlen aus dem Feuer. Er ging nun zum Priester, der mit dem Misrak wartete, stieg die Rampe hinunter und legte die Schaufel neben sich auf den Boden.

"Und soll eine Pfanne voll Glut vom Altar nehmen, der vor dem Herrn steht, und beide Hände voll zerstoßenen Räucherwerks und es hinein hinter den Vorhang bringen." (3. Mose 16,12)

Nun brachten ihm weitere Priester den großen goldenen Löffel und eine goldene, mit fein gemahlenem Räucherwerk gefüllte Schaufel. Diese beiden Gegenstände brauchte der Hohe Priester für das Räucheropfer.

Danach legte der Hohe Priester das Räucherwerk in den goldenen Löffel, den er mit seiner linken Hand hielt; in seine rechte Hand nahm er das mit glühenden Kohlen gefüllte Räucherwerkgefäß. Mit diesen beiden Gegenständen betrat er das Heiligtum und schritt zum doppelten Vorhang, der das Allerheiligste verbirgt.

Im ersten Tempel trennte eine Wand diesen Bereich ab, die ca. 40–60 cm dick war (eine *Amah*-Dicke). Im zweiten Tempel waren es aber wieder – wie zur Zeit der Stiftshütte – zwei Vorhänge, deren Abstand ebenfalls eine *Amah* betrug.

Das Ende dieser beiden Vorhänge war nach außen umgeschlagen und mit einer goldenen Spange hochgesteckt: der äußere an der südlichen, der innere an der nördlichen Seite. Dadurch bildete sich ein Gang, durch den der Hohe Priester mit seinen Geräten hindurchgehen konnte: Nun stand er vor der Öffnung zum Allerheiligsten, drehte sein Gesicht nach Süden und begab sich in die Mitte des Raumes zwischen die beiden Stangen der Bundeslade. (Zur Zeit des zweiten Tempels war das Allerheiligste jedoch leer.)

Die Bundeslade war ein Kasten aus Akazienholz. In 2. Mose 25 sind uns die genauen Maße überliefert: 2,5 Ellen lang, 1,5 Ellen breit und 1,5 Ellen hoch. Sie war außen und innen mit Gold beschichtet und oben mit einer Goldborte verziert. An jeder Ecke war auf halber Höhe ein Ring angebracht, durch den zwei goldbeschichtete Tragstangen aus Akazienholz geschoben wurden. Oben auf der Lade saß ein goldener Deckel, auf dem zwei Cherubim aus getriebenem Gold standen. Diese flügelartigen Körper mit Menschenantlitz standen sich gegenüber, und ihre Flügel breiteten sich nach oben aus und bedeckten den Deckel der Bundeslade. Die Gesetzestafeln wurden in die Lade gelegt.

In der Zeit der Stiftshütte und des ersten Tempels stand diese Bundeslade im Allerheiligsten. Dieser Raum durfte nur vom Hohen Priester und nur am *Jom Kippur* betreten werden.

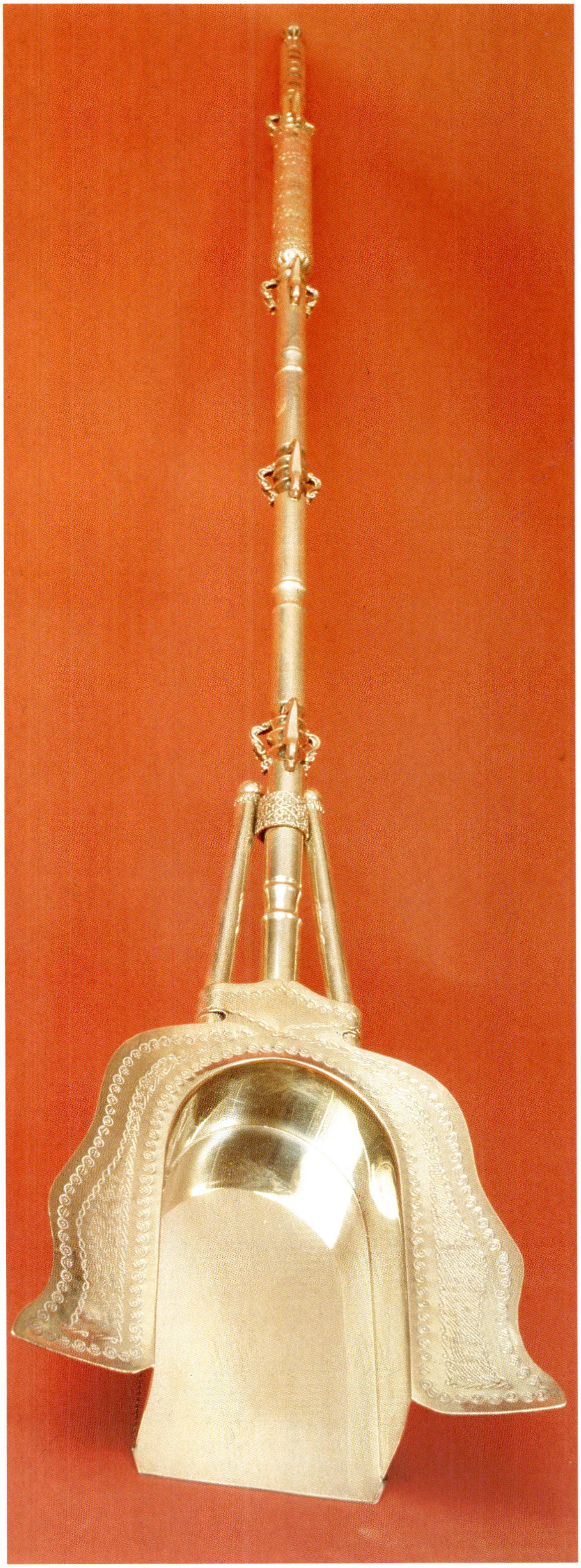

Die *Schechina*, die göttliche Erscheinung ruhte im Allerheiligsten: "Dort will ich dir begegnen, und vom Gnadenthron aus, der auf der Lade mit dem Gesetz ist ..." (2. Mose 25,22)

Innerhalb des Allerheiligsten auf dem Berg Moria befand sich der *Grundstein*. Dieser ragte drei Fingerbreit über dem Fußboden hervor und bildete zur der Zeit, als sich die Lade im Allerheiligsten befand, die Basis auf der dieselbe stand. Sein Vorhandensein enthüllte sich in der Zeit von König David und dem Propheten Samuel. Sein Name deutet darauf hin, dass er das Fundament darstellt, auf dem Gott die Welt erschaffen hat.

Als die Bundeslade noch im Allerheiligsten stand, legte der Hohe Priester die Räucherwerkschaufel mit den Kohlen zwischen die Stangen auf den Boden. Später legte er sie auf den Grundstein, wo die Stangen ehemals herausragten.

Nachdem er die Schaufel auf den Boden gelegt hatte, nahm er das feine Räucherwerkpulver in seine Hand. Eine "doppelte Hand voll" streute er dann auf die Kohlen. Schließlich legte er das Räucherwerk auf der von ihm abgewandten Seite auf die Kohlen, sodass er sich an den aufsteigenden Flammen nicht verbrennen würde. Dann wartete er so lange, bis der gesamte Raum von Rauch erfüllt war.

Somit war das Räucheropfer für den Versöhnungstag abgeschlossen: er verließ voller Ehrfurcht das Allerheiligste, ohne dem heiligen Ort den Rücken zu kehren. Er ging nun zu den Priestern zurück, die auf ihn mit der *Misrak* warteten. Sie überreichten ihm das Gefäß mit Opferblut, mit dem der Hohe Priester abermals das Allerheiligste betrat.

Er nahm ein wenig von dem Blut des Opfertieres und sprengte es mit seinem Zeigefinger siebenmal auf den Deckel der Bundeslade. Darauf verließ er erneut das Allerheiligste und stellte das Gefäß auf einen goldenen Ständer im Heiligtum.

Nun wurde der Bock "für den Herrn" zum Hohen

Priester gebracht, der das Tier draußen im Hof schlachtete und dessen Blut in einem anderen *Misrakbehälter* sammelte. Dann betrat er das Allerheiligste mit dem Blut des Bockes zum dritten Mal. Nach gleicher Prozedur verließ er den heiligen Raum wieder und stellte das Gefäß auf einen zweiten goldenen Ständer im Heiligtum. Er blieb im Heiligtum vor den Vorhängen stehen und nahm nacheinander die beiden Gefäße mit dem Blut, um zuerst das Blut des Stieres und dann das des Bockes in Richtung Vorhang zu sprengen.

Schließlich mischte der Hohe Priester im Heiligtum den Inhalt beider Gefäße, indem er zuerst den Behälter mit dem Stierblut in den mit dem Blut des Bockes leerte, um dann das Gemisch wieder in das erste Gefäß zu gießen. "Und er soll hinausgehen zum Altar, der vor dem Herrn steht, und ihn entsühnen und soll vom Blut des Stieres und vom Blut des Bockes nehmen und es ringsum an die Hörner des Altars streichen." (3. Mose 16,18)

(oben) Die Bundeslade wurde aus reinem Gold hergestellt und enthielt die Gesetzestafeln des Mose, die dieser am Berg Sinai von Gott erhalten hatte.

(gegenüberliegende Seite) Die Stiftshütte und das Lager der Israeliten am Fuße des Berges Sinai. Die Bergspitze ist in die "Wolke der Ehre" gehüllt, die die Schechina, die "göttliche Erscheinung" verkörpert. Die Israeliten lagerten sich nach Stämmen um den Berg herum.

(gegenüberliegende Seite) Insgesamt wurden zehn Hütten oder Wegstationen entlang der Route von Jerusalem bis zum Felsvorsprung in der Wüste, wo der Sündenbock zu Tode gestürzt wurde, errichtet.

Der Hohe Priester tröpfelt das Blut auf den goldenen Altar. In der einen Hand hält er den Behälter, mit der anderen sprengt er das Blut auf den Altar: einmal entlang der Hörner des Altars und siebenmal auf den Altar selbst.

Nun sollten die Ecken des "Altars, der vor dem Herrn steht" mit Blut besprengt werden. Hiermit ist nur der goldene Altar gemeint, der im Heiligtum steht. So ging der Hohe Priester um den Räucherwerkaltar herum und sprengte das Blut auf alle vier Ecken. Außerdem entfernte er einige der Kohlen vom Altar, sodass er zusätzlich siebenmal auf den Boden, die Goldoberfläche des Altars das Blut sprengen konnte. Das übrige Blut leerte er auf die Westseite des äußeren Altarbodens aus. "... und alles andere Blut an den Fuß des Brandopferaltars gießen, der vor der Tür der Stiftshütte steht." (3. Mose 4,7)

Dann kehrte er zum Osttor zurück, dem gegenüber der Sündenbock auf ihn wartete. Durch dieses Tor sollte er bald in die Wüste weggeführt werden. Er legte seine beiden Hände zwischen die zwei Hörner auf das Haupt des Tieres und legte das Schuldbekenntnis für das gesamte Volk ab: "Und wenn er die Entsühnung des Heiligtums vollbracht hat, der Stiftshütte und des Altars, so soll er den lebendigen Bock herzubringen. Dann soll Aaron seine beiden Hände auf dessen Kopf legen und über ihm bekennen alle Missetat der Israeliten und alle ihre Übertretungen, mit denen sie sich versündigt haben, und soll sie dem Bock auf den Kopf legen ..." (3. Mose 16,20–21)

Ich bitte dich, oh Herr;
sie haben gesündigt,
sie haben gefrevelt vor dir, dein Volk,
das Haus Israel.
Oh mit deinem heiligen Namen
sühne doch die Sünden, die Verfehlungen, die Frevel,
die sie begangen haben,
dein Volk, das Haus Israel.
Wie in der Thora
deines Knechtes Mose geschrieben steht:
Denn an diesem Tag
sühnt er euch, um euch von allen euren Sünden zu befreien
– vor dem Herrn sollt ihr gesühnt werden.

Die Gemeinde erwiderte: "Gesegnet sei der Name seines herrlichen Reiches bis in alle Ewigkeit." Nun übergab der Hohe Priester demjenigen den Sündenbock, der ihn in die Wüste zu führen hatte. Diese Aufgabe war ein großes Vorrecht und wurde von einem Priester ausgeführt, obwohl dies jeder Israelit hätte tun können. Die Priester wollten sich dieses Privileg aber nicht nehmen lassen und verteilten daher diese Aufgabe untereinander.

Der Sündenbock wurde über eine besondere Brücke, die den Tempelberg mit dem Salbungsberg verband, in die Wüste geführt. Auf dem Weg zum Felsen, von dem der Sündenbock gestürzt wurde, waren bereits am Tag vor dem *Jom Kippur* Wegstationen errichtet worden, deren Mannschaften eine erfolgreiche Erfüllung dieser Aufgabe sicherstellen und im Notfall Hilfe leisten sollten.

Bei diesen Stationen handelte es sich um Stände, in denen sich der Begleiter des Ziegenbockes mit Essen und Getränken stärken konnte, falls er das Fasten auf seinem Weg nicht mehr hätte einhalten können. Zur ersten Station wurde er von einigen angesehenen Bürgern der Stadt begleitet. Die Mannschaft der erreichten Station ging mit dem Priester dann stets bis zur nächsten.

Sobald der Priester den Felsen erreichte, nahm er den scharlachroten Wollfaden von den Hörnern des Tieres,

zerriss diesen und band das eine Stück erneut an die Hörner des Bockes, das andere an einen Felsen. An diesem Faden konnte er sehen, wie die Sünden gesühnt wurden, indem jener weiß wurde. Jetzt stieß er den Sündenbock rückwärts gewandt mit beiden Händen hinab.

Nachdem er seine Aufgabe erfüllt hatte, begab er sich wieder zur letzten Station zurück, wo er bis zur Dunkelheit wartete, um dann nach Jerusalem zurückzukehren. Er musste so lange warten, weil er die Distanz nur hatte zurücklegen dürfen, um seine Aufgabe als Begleiter des Sündenbockes auszuführen.

Der Hohe Priester wartete auf die Kunde, dass der Sündenbock die Wüste erreicht hatte. Dann begab er sich zum Hof der Frauen und las der Gemeinde laut aus dem 3. Buch Mose das Kapitel 16 vor.

Die Kunde, dass der Bock den Tod gefunden hatte und die Sühne vollbracht war, erreichte ihn in doppelter Weise. Zum einen verwandelte sich die scharlachrote Wolle im Heiligtum weiß, und zum zweiten standen an den Stationen Späher, die sich mit schwenkenden Tüchern Signale gaben.

Am Ende dieses besonderen und heiligen Tages wurde der Hohe Priester von der gesamten versammelten Gemeinde nach Hause begleitet.

Sobald der Sündenbock in der Wüste war, las der Hohe Priester aus der Thorarolle vor. Er steht dabei auf der obersten Stufe der Treppe, die vom Hof der Frauen hinauf zum Hof der Israeliten führte. Die versammelte Gemeinde Israels las aus eigenen Thorarollen mit.

Das Laubhüttenfest – Sukkot

Alle drei Hauptfeste haben eine traditionelle Bestimmung. Pessach gedenkt des Auszugs aus Ägypten und ist "die Zeit der Freiheit"; Schawuot ist "die Zeit der Gabe der Thora", und Sukkot ist "die Zeit unserer Freude". Anlässlich dieser drei Feste pilgerten die Israeliten hinauf nach Jerusalem zum heiligen Tempel.

"Und der Herr redete mit Mose und sprach: Sage zu den Israeliten: Am fünfzehnten Tage dieses siebenten Monats ist das Laubhüttenfest für den Herrn, sieben Tage lang ... Sieben Tage sollt ihr dem Herrn Feueropfer darbringen ... Ihr sollt am ersten Tage Früchte nehmen von schönen Bäumen, Palmwedel und Zweige von Laubbäumen und Bachweiden und sieben Tage fröhlich sein vor dem Herrn, eurem Gott, und sollt das Fest dem Herrn halten jährlich sieben Tage lang. Das soll eine ewige Ordnung sein bei euren Nachkommen, dass sie im siebenten Monat so feiern. Sieben Tage sollt ihr in Laubhütten wohnen. Wer einheimisch ist in Israel, soll in Laubhütten wohnen, dass eure Nachkommen wissen, wie ich die Israeliten habe in Hütten wohnen lassen, als ich sie aus Ägyptenland führte. Ich bin der Herr, euer Gott." (3. Mose 23,33–43)

Im heiligen Tempel waren die Freudenbekundungen am größten. Neben dem Gebot der Thora, sich am Sukkot mit den vier Pflanzenarten zu erfreuen, wurden am heiligen Tempel zwei weitere Vorschriften eingehalten, die zu den religiösen Geboten gehören, die Gott Mose am Berg Sinai gelehrt hat und die von Mose mündlich weiter tradiert wurden. Es handelt sich um das Gebot der Bachweiden und das des Wassergießopfers.

Besonders lange Bachweidenzweige wurden aus einem Ort namens Motza hergebracht, der außerhalb von Jerusalem lag. Diese stellten dann die Betenden um den Altar herum auf, während Trompeten und das Schofar die Zeremonie begleiteten. Dann umkreisten die Priester den Altar einmal mit ihren Palmzweigen (Lulawim) in den Händen und flehten zum Ewigen: "Oh Ewiger, hilf doch! Oh Ewiger, lass es doch gelingen!" Am siebten Tag des Festes umkreisten sie den Altar in Erinnerung an die Eroberung Jerichos siebenmal.

Jeden Morgen wurde während des Morgenopfers, dem Tamid, auf eine besondere Art und Weise Wasser auf den Altar gegossen. Am Fuße des Moriaberges in Jerusalem befindet sich die Siloamquelle, die im Schatten des heiligen Tempels liegt und daher auch stets eine geistliche Bedeutung für Israel hatte. An jedem Morgen in der Zeit des Festes gingen die Priester in Begleitung der versammelten Gemeinde zur Siloamquelle hinunter, um dort einen halben Liter reinen Wassers mit einem goldenen Behälter zu

Rabbi Meir sagte: "Die Bewohner Jerusalems banden ihre Lulavim mit Goldbändern." (Sukka 3,8)

schöpfen. Durch das Wassertor gingen sie zum Tempel zur Südseite des Hofes zurück, wo sie von Trompetenschall und Schofartönen begrüßt wurden: "Ihr werdet mit Freuden Wasser schöpfen aus den Heilsbrunnen." (Jesaja 12,3)

Der Priester, der das Wasser geschöpft hatte, trug den goldenen Behälter zum Altar hinauf, wo zwei Silberbecher bereitstanden. Der eine Becher, der auf der Ostseite stand, war für das tägliche Weingießopfer, der andere Becher nur für diesen besonderen Dienst am Sukkot bestimmt.

Beide Silberbecher hatten oben eine schmale Öffnung, durch die die Gussopfer geschüttet wurden. Der für das Wassergießopfer bestimmte Becher hatte eine größere Öffnung, weil der Weg zum Altar länger war und beide im selben Augenblick die Basis des Altars erreichen mussten.

Ausgiebige Festlichkeiten in den Sukkotnächten gingen den eigentlichen Wassergießopfern voraus, die früh morgens stattfanden. Die meisten Feste am Tage fanden im Hof der Frauen statt, wo die Priester und Leviten nach dem ersten Festtag Bühnen am Rand des Vorhofes errichteten. Große Lampen wurden aufgestellt, die die Feierlichkeiten des Wassergießopfers beleuchteten.

An diesen Festen nahmen vor allem Gelehrte und fromme Männer – die Vorsitzenden des Sanhedrin und die Vorsitzenden der Akademien, Weise und Alte – teil. Sie tanzten, sangen und freuten sich im Tempel, während die Leviten auf den 15 Stufen standen, die vom Vorhof zum Hof der Israeliten führten. Diese 15 Stufen sind in den

Pilger auf dem Weg nach Jerusalem, wo sie das Sukkot im heiligen Tempel feiern werden.

(gegenüberliegende Seite) Während ein Priester mit dem goldenen Gefäß Wasser aus dem Siloamteich schöpft, schmettern die Trompeten, und die Gemeinde schaut zu. Dieses Wasser wird dann zum heiligen Tempel gebracht und für das Wassergießopfer verwendet.

Psalmen im so genannten Stufenlied erwähnt (vgl. Psalm 120–134). Gewöhnlich stand der Levitenchor im Hof der Israeliten, dem äußeren Altar gegenüber, dem Eingang des Heiligtums zugewandt. In den Nikanortoren befand sich eine Bühne, auf der die Leviten standen und die täglichen Opfer mit Gesängen begleiteten. Anlässlich des Wassergießopfers standen sie aber auf den erwähnten Stufen: sie sangen und spielten auf Harfen, auf der Lyra, den Becken und auf Trompeten. Zwei Priester standen außerdem noch vor den Torpfeilern mit silbernen Trompeten: beim ersten Morgenschimmer gaben sie das Signal, dass es nun Zeit sei, zur Siloamquelle zu gehen, um das Wasser zu schöpfen.

Die Pilgerwanderung nach Jerusalem brachte ein tiefes Gefühl der Freude in den Herzen der Pilger hervor und stärkte die Einheit der gesamten Nation.

Sobald sie sich auf den Weg machten, strömte ihnen die ganze Gemeinde hinterher. Wenn die Priester die zweite und die zehnte Stufe erreichten, bliesen sie jeweils erneut die Trompeten. Auch im Vorhof der Frauen ließen sie sie nochmals hören und verstummten erst dann, wenn sie das Osttor erreichten. Hier kehrten sich alle Anwesenden zusammen mit ihren Gesichtern nach Westen um: den Blick Richtung Heiligtum, und riefen gemeinsam: "Unsere Väter standen hier und kehrten dem Heiligtum Gottes den Rücken, dem Osten zugewandt. Vor der Sonne im Osten gingen sie auf die Knie. Wir aber, wir richten unseren Blick auf Gott. Wir gehen vor Gott auf die Knie und richten unsere Augen voller Hoffnung auf ihn." Dieses Bekenntnis bezog sich auf das Ende des ersten Tempels, das Hesekiel beschreibt: "Und er führte mich in den inneren Vorhof am Hause des Herrn; und siehe, vor dem Eingang zum Tempel des Herrn, zwischen der Vorhalle und dem Altar, standen etwa fünfundzwanzig Männer, die ihren Rücken gegen den Tempel des Herrn und ihr Gesicht gegen Osten gewendet hatten und beteten gegen Osten die Sonne an." (Hesekiel 8,16)

Der Tempel im Morgengrauen.

Pessachfest – Zeit unserer Freiheit

"Der Herr aber sprach zu Mose und Aaron in Ägyptenland: Dieser Monat soll bei euch der erste Monat sein, und von ihm an sollt ihr die Monate des Jahres zählen ... und sollen das Fleisch essen in derselben Nacht, am Feuer gebraten, und ungesäuertes Brot dazu, und sollen es mit bitteren Kräutern essen ... Ihr sollt diesen Tag als Gedenktag haben und sollt ihn feiern als ein Fest für den Herrn, ihr und alle eure Nachkommen, als ewige Ordnung. Sieben Tage sollt ihr ungesäuertes Brot essen ... Darum so halte diese Ordnung für dich und deine Nachkommen ewiglich. Und wenn ihr in das Land kommt, das euch der Herr geben wird, wie er gesagt hat, so haltet diesen Brauch. Und wenn eure Kinder zu euch sagen werden: Was habt ihr da für einen Brauch?, sollt ihr sagen: Es ist das Passaopfer des Herrn, der an den Israeliten vorüberging in Ägypten, als er die Ägypter schlug und unsere Häuser errettete ..." (aus: 2. Mose 12,1–27)

"Dies sind aber die Feste des Herrn, die ihr ausrufen sollt als heilige Versammlungen an ihren Tagen: Am vierzehnten Tage des ersten Monats gegen Abend ist des Herrn Passa. Und am fünfzehnten desselben Monats ist das Fest der ungesäuerten Brote für den Herrn; da sollt ihr sieben Tage ungesäuertes Brot essen ... Und sieben Tage sollt ihr dem Herrn Feueropfer darbringen. Am siebenten Tage soll wieder eine heilige Versammlung sein; da sollt ihr auch keine Arbeit tun." (3. Mose 23,4–8)

In der Zeit des zweiten Tempels strömte das gesamte jüdische Volk aus aller Welt nach Jerusalem, um in der heiligen Stadt das Pessach zu feiern. Die Pilger reisten in großen Karawanen, der sich zum Teil Tausende von Menschen angeschlossen hatten. Jede Gruppe trug im Auftrag ihrer Gemeinde die obligatorische *Halbschekelspende* für die Tempelkasse mit sich.

Schon früh bereitete man sich in Jerusalem und entlang der Pilgerwege auf die großen Massen vor. Nach dem Winterregen musste vor allem sichergestellt werden, dass die Straßen passierbar und die Zugänge nach Jerusalem überquerbar waren. In den Ortschaften auf den Pilgerwegen räumte man die öffentlichen Plätze, um sie den Reisenden zur Übernachtung verfügbar zu machen. Hier konnten sie auch ihre Vorräte auffrischen.

Vom Tempel wurden Aufseher in die entsprechenden Ortschaften gesandt, die gewährleisten sollten, dass genügend Brunnen und Mikwaot vorhanden und bereitgestellt waren, in denen sich die Pilger vor dem Betreten der heiligen Stadt reinigen konnten.

In der Zeit des zweiten Tempels hinterließ Philo, der Vorsteher der jüdischen Gemeinde in Alexandria, einen lebendigen Augenzeugenbericht von der großen Menge an

Während ein Familienmitglied mit einem Ysopzweig etwas Blut an die Türpfosten und den Sturz des Hauses streicht (gegenüberliegende Seite), wird das Pessachopfer verzehrt.

Pilgern, die aus allen Ecken der Welt nach Jerusalem strömten: "Eine sehr große Zahl von Menschen aus den verschiedensten Städten strömte in einem unendlichen Strom zum heiligen Tempel anlässlich des Festes: aus Osten und Westen, aus dem Norden und Süden."

Alle Pilger strömten zur selben Zeit in den Tempelbereich, um ihr Pessachopfer darzubringen. So wurden

Westlich vom Olivenberg aus kann man die Pilgerkarawanen beobachten, die sich in Richtung Jerusalem und dem heiligen Tempel bewegen. Unterwegs sangen die Pilger: "Ich freute mich über die, die mir sagten:

Lasset uns ziehen zum Hause des Herrn!" (Psalm 122,1)

BARANOVSKY D
96

besondere Vorkehrungen getroffen, um die Ordnung aufrechtzuerhalten. In der ganzen Stadt wurden Öfen zum Braten des Pessachopfers aufgestellt, denn jede Familie oder Gruppe briet nach der Darbringung im Tempel ihr Opfer nach einer gesetzlich vorgeschriebenen Art, um es dann am Sederabend zu essen.

Die Zeremonie der Darbringung des Pessachopfers war eines der wichtigsten Ereignisse im Festkalender des heiligen Tempels. Lange nach seiner Zerstörung beschrieben diejenigen, die einmal die Möglichkeit gehabt hatten, dabei gewesen zu sein, ihre Eindrücke: wenn die riesengroßen Tore geöffnet wurden, wenn die Masse der fröhlich Feiernden, aufgeteilt in drei Gruppen, in den Vorhof strömten, wenn die Trompeten tönten und der Levitenchor sang. Zum Pessachfest kamen stets mehr Gäste als zu allen anderen Festen im Jahr. Das Pessachopfer war nicht nur für die Männer eine Pflicht, wie es bei den anderen Opfern der Fall war, sondern auch für die Frauen.

Demjenigen, der nicht am Pessachopfer teilnahm, drohte eine schwere Strafe: die Karetstrafe, wörtlich, abgeschnitten zu werden. Von den einen wird es als "früher Tod"

Am Sederabend sitzt die Familie auf Kissen – ein Zeichen der Freiheit – zusammen: das Pessachopfer und die Matzot liegen vor ihnen.

Zu den Instrumenten, die der Levitenchor im heiligen Tempel benötigt, gehören die Silbertrompeten und eine Leier.

(folgende Seite) Die Teilnehmer am Seder sehen auf den Sohn, der seinem Vater die vier Fragen *stellt. Auf der rechten Seite steht ein Diener, der das gebratene Pessachopfer in den Händen hält.*

gedeutet, von anderen mit einer geistlichen Degradierung in der kommenden Welt gleichgesetzt.

Das Pessachopfer unterschied sich in einigen Punkten von allen anderen Opfern, die das Jahr über dargebracht wurden. An den Vorbereitungen des Opfertieres nahmen die Israeliten teil. Während im eigentlichen Opferdienst nur die Priester eine Rolle spielten und eine bestimmte Abordnung von Israeliten bloß anwesend war, gab das Pessachopfer auch den einfachen Leuten die Gelegenheit, das Hofinnere des Tempels zu betreten, am Altar zu stehen und aktiv am Geschehen teilzunehmen.

Reihen von Priestern, mit Silber- und Goldgefäßen in den Händen zum Auffangen des Opferblutes, reichen es dem am nächsten zum Altar stehenden Priester weiter.

Wenn das Pessachfest auf einen Sabbat fiel, warteten die Pilger das Ende des Sabbats im Vorhof des heiligen Tempels ab.

Nach der Thora muss das Pessachopfer in einer großen Gemeinschaftsmahlzeit verzehrt werden. Das Zusammengehörigkeitsgefühl und die Harmonie innerhalb der israelitischen Gemeinschaft sollte durch eine möglichst große Anzahl von Teilnehmern gestärkt werden. Außerdem gehörten die Armen zum Pessachfest dazu: erst ihre Anwesenheit brachte die vollkommene Freude. Dies gilt vor allem für den Abend, an dem der Auszug aus Ägypten stattfand und somit zum Inbegriff für den Übergang von der Knechtschaft zur Freiheit geworden ist.

Jede Pilgergruppe sandte einen oder zwei Abgeordnete

zum Tempel, die ein Lamm als Pessachopfer darbrachten. Sobald die Gemeinde den Vorhof erreichte, wurden die Tore geschlossen, die Leviten bliesen die Trompeten, und der Opferdienst wurde versehen. Vom Levitenchor wurde die ganze Gemeinde beim Singen des Hallel (Dankgebetes) angeleitet. Im Vorhof standen Priester in vielen Reihen, die mit besonderen Silber- und Goldbehältern das Blut der Opfer auffingen, um es dem Priester weiterzureichen, der direkt am Altar stand und das aufgefangene Blut an die Basis des Altars schüttete.

Danach wurde das Lamm oder Schaf den biblischen Vorschriften entsprechend gebraten: u.a. auf trockenen Ästen vom Granatapfel. Wenn die Mahlzeit bereitet war, versammelte sich die Gemeinschaft um den Tisch und hielt den Pessachseder. Man unterhielt sich über die Wunder des Auszugs, aß Matzot, Bitterkraut, das in Haroset getaucht worden war, und zum Schluss das Pessachopfer. Gegen Mitternacht erhoben alle ihre Gläser, und man sang das Hallel, das Dankgebet.

Die Erstlingsfrüchte werden zum Tempel gebracht – Schawuot

"Das Beste von den Erstlingen deines Feldes sollst du in das Haus des Herrn, deines Gottes, bringen." (2. Mose 23,19)

Schawuot ist der Gedenktag für die Gesetzesoffenbarung am Berg Sinai. Schawuot heißt wörtlich "Wochen", ist als das "Wochenfest" bekannt und bezieht sich auf das Ende der siebenwöchigen Zeitspanne des Omer-Zählens. Das Omer-Zählen beginnt am zweiten Tag des Pessachfestes, an dem Tag, an dem das Gersten-Omer-Opfer in den Tempel gebracht wurde. Die Bibel nennt das Fest auch das "Fest der Erstlingsfrüchte." (vgl. 2. Mose 23,16 und 4. Mose 28,26)

In gewisser Hinsicht wird dieses Fest vom Land Israel selbst gefeiert, an dem Gott für seine reiche Fülle gedankt wird. Dass die Erstlingsfrüchte zum Heiligen Tempel gebracht werden, kann so gedeutet werden, dass das Land selbst heilig ist. Zum Schawuotopfer gehörten die sieben Fruchtsorten, mit denen Israel gesegnet ist: "Weizen, Gerste, Trauben, Feigen, Granatäpfel, Oliven und Datteln." (5. Mose 8,8)

Das 26. Kapitel vom 5. Buch Mose beinhaltet klare Anweisungen für dieses wichtige Fest: "Wenn du in das Land kommst, das dir der Herr, dein Gott, zum Erbe geben wird, und es einnimmst und darin wohnst, so sollst du nehmen die Erstlinge aller Feldfrüchte, die du von deinem Lande einbringst, das der Herr, dein Gott, dir gibt, und sollst sie in einen Korb legen und hingehen an die Stätte, die der Herr, dein Gott, erwählen wird, dass sein Name daselbst wohne, und sollst zu dem Priester kommen, der zu der Zeit sein wird, und zu ihm sagen: Ich bekenne heute dem Herrn, deinem Gott, dass ich gekommen bin in das Land, das der Herr, wie er unsern Vätern geschworen hat, uns geben wollte. Und der Priester soll den Korb aus deiner Hand nehmen und ihn vor dem Altar des Herrn, deines Gottes, niedersetzen. Dann sollst du anheben und sagen vor dem Herrn, deinem Gott: Mein Vater war ein Aramäer, dem Umkommen nahe, und zog hinab nach Ägypten und war dort ein Fremdling mit wenig Leuten und wurde dort ein großes, starkes und zahlreiches Volk. Aber die Ägypter behandelten uns schlecht und bedrückten uns und legten uns einen harten Dienst auf.

Da schrien wir zu dem Herrn, dem Gott unserer Väter. Und der Herr erhörte unser Schreien und sah unser Elend, unsere Angst und Not und führte uns aus Ägypten mit mächtiger Hand und ausgerecktem Arm und mit großem Schrecken, durch Zeichen und Wunder, und brachte uns an diese Stätte und gab uns dies Land, darin Milch und Honig fließt. Nun bringe ich die Erstlinge der Früchte des Landes, das du, Herr, mir gegeben hast. – Und du sollst sie

Zur Kennzeichnung der Erstlingsfrüchte wird ein Schilfrohr um die Frucht gebunden. Später wird diese dann zum Heiligen Tempel gebracht (vgl. Seite gegenüber).

niederlegen vor dem Herrn, deinem Gott, und anbeten vor dem Herrn, deinem Gott, und sollst fröhlich sein über alles Gut, das der Herr, dein Gott, dir und deinem Hause

gegeben hat, du und der Levit und der Fremdling, der bei dir lebt." (5. Mose 26,1–11)

Sobald die Baumfrüchte anfingen zu reifen, wurden sie vom Besitzer mit einem Schilfrohr gekennzeichnet, um auch wirklich die ersten Früchte dieser Ernte und nicht nur eine symbolische Gabe in den Heiligen Tempel zu bringen. Aus allen Städten und Dörfern des Landes kamen die Pilger nach Jerusalem. Zahlreiche Familien kamen sogar mit ihren kleinen Kindern zu Fuß in die Hauptstadt, während anderen Kamele, Esel oder Wagen und Kutschen zur Verfügung standen. Durch golden reife und grüne Felder zogen sie und überzogen das ganze Land mit Vorfreude und gespannter Aufregung.

Entlang des Weges nach Jerusalem versammelten sich die Pilger in den Städten, wo sie nachts ihr Lager mitten auf der Straße aufschlugen. Sie wollten nicht in Häusern übernachten, weil sie vor versehentlicher ritueller Unreinheit Angst hatten. Im Morgengrauen wurden sie vom Ruf des Aufsehers geweckt: "Wohlauf, lasst uns hinaufziehen nach Zion zum Herrn, unserm Gott!" (Jeremia 31,6) Gruppenweise führten sie ihre Reise nach Jerusalem fort, denn "Wenn ein König viel Volk hat, das ist seine

Auf dem Weg nach Jerusalem übernachteten die Pilger in den Städten unter freiem Himmel. Morgens wurden sie vom Ruf geweckt: "Wohlauf, lasst uns hinaufziehen nach Zion zum Herrn, unserm Gott!" (Jeremia 31,6)

Herrlichkeit ..." (Sprüche 14,28) Und als sich die großen Pilgerkarawanen dem Heiligen Tempel näherten, wurde ihnen ein Ochse mit goldverzierten Hörnern vorangestellt; mit Flötenmusik begleitet sangen sie: "Ich freute mich über die, die mir sagten: Lasset uns ziehen zum Hause des Herrn!" (Psalm 122,1) Am Stadtrand blieb die Gruppe zurück und schickte eine Delegation zum Heiligen Tempel, die ihre Ankunft ankündigen sollte. Priesterhelfer, Leviten und auch Dienst tuende Priester kamen ihnen vom Heiligen Tempel entgegen. Die Werktätigen der Stadt hielten in ihrer Arbeit inne, um sie an den Stadttoren zu begrüßen.

Nach dem anstrengenden Pilgerweg strömen die Massen in Richtung Osttor des Heiligen Tempels.

(umseitig) Die Einwohner Jerusalems begrüßen die freudige Ankunft der Festtagspilger. Diese führen einen Ochsen als ein besonderes Festtagsopfer mit sich, dessen Hörner mit Gold bedeckt sind.

Sobald sie die Stadt betraten, sangen sie freudig: "Nun stehen unsere Füße in deinen Toren, Jerusalem." (Psalm 122,2)

Indem das gesamte Volk die Erstlingsfrüchte zum Heiligen Tempel brachte, drückte sie ihre tiefe Dankbarkeit Gott gegenüber aus. Dadurch, dass sie ihm diese Früchte darbrachten, schloss sich wieder der Kreis, denn der Ertrag der Natur kehrte zu seiner Quelle zurück. Tiefe Ehrfurcht, Verehrung und Freude erfüllte die Pilger: "... und sollst fröhlich sein über alles Gut, das der Herr, dein Gott, dir und deinem Hause gegeben hat ..." (5. Mose 26,11)

Die Reichen und Armen erlebten dieses festliche Ereignis zusammen: "sondern ein jeder mit dem, was er zu geben vermag, nach dem Segen, den dir der Herr, dein Gott, gegeben hat." (5. Mose 16,17)

Die Zeremonie der Darbringung der Erstlingsfrüchte fand in einem besonderen Bereich des Heiligen Tempels statt: in dem Teilabschnitt "zwischen dem Saal und dem Altar". Dieser Bereich war besonders heilig und für den gewöhnlichen Israeliten nicht zu betreten. Hierin unterschied sich aber das Fest der Erstlingsfrüchte, denn nun waren alle gewöhnlichen Israeliten zugelassen. Es

Die Zeremonie der Darbringung der Erstlingsfrüchte fand innerhalb des Heiligen Tempels in einem besonderen Bereich statt: "zwischen dem Saal und dem Altar". Zu dieser Zeremonie gehörten das Schwenken, das Vorlesen der Bibelverse, das Legen der Früchte auf den Altar und das Niederwerfen vor Gott.

Als Zeichen der Ehrfurcht vor der göttlichen Erscheinung werfen sich die Pilger, dem Allerheiligsten zugewandt, nieder.

musste in diesem Bereich stattfinden. Jeder Pilger brachte dem Priester sein Opfer, während er laut aus dem Abschnitt vorlas: "Mein Vater war ein Aramäer; und dem Umkommen nahe ..." (5.Mose 26,5ff.) Der Priester las jeden Vers laut vor, den der Pilger dann laut wiederholte. Dabei hob der Pilger den Korb in die Höhe, hielt ihn an den Griffen fest, und der Priester *schwenkte* ihn vor Gott, indem er seine Hand unter den Korb legte.

Nach der Lesung legte der Pilger seinen Korb im Vorhof ab: "... und du sollst sie niederlegen vor dem Herrn, deinem Gott ..." (5. Mose 26,10) Der Korb wurde an die südwest-

(gegenüberliegende Seite) Nach Abschluss des Schwenkens nehmen die Priester die "Zwillingsbrote" und das restliche Fleisch der Gemeinschafts-Friedensopfer zu sich. Mitglieder aller Priesterschichten nehmen an diesem Mahl teil, das innerhalb des geheiligten Bereiches des Tempelvorhofes stattfindet.

(oben) Am Sukkot wird mit diesem goldenen Gefäß das Wasser aus der Siloamquelle zum Heiligen Tempel zum Wassergießopferfest hinaufgebracht.

(rechts) Priester gießen Wein- und Wassergießopfer in zwei Silberbecher, die an der südwestlichen Altarecke stehen.

liche Altarecke gestellt und der Pilger schloss die Zeremonie ab, indem er sich vor Gott auf die Treppen vor dem Eingang des Heiligtums mit ausgestreckten Füßen niederwarf. Hierfür war ein spezieller Stein auf dem Boden vorgesehen.

Außer dem Erstlingsopfer wurde am Schawuot ein weiteres Opfer dargebracht: die Zwillingsbrote, die aus frisch geerntetem Weizen gebacken wurden. Dies war das Einzige, was an Gesäuertem in den Tempel gebracht wurde.

Es stellt den Segen Gottes dar, der auch über den irdischen und physischen Bedürfnissen des Menschen liegt. Diese beiden Laibe wurden zusammen mit einem Festopfer, das aus zwei Schafen bestand, an der Ostseite des Altars von einem Priester hin und her geschwenkt. Der Laib hatte eine ziegelartige Form: sieben Handbreit lang, vier Handbreit breit und vier Finger hoch (ca. 56 x 32 x 8 cm).

Das Weingießopfer und das Opfer der zwei Laibe wurde von Flöten- und Trompetenmusik der Leviten begleitet: "Desgleichen, wenn ihr fröhlich seid an euren Festen ... sollt ihr mit den Trompeten blasen ..." (4. Mose 10,10)

An der Ostseite des Altars schwenkte der Dienst tuende Priester die beiden Opferschafe, die danach mit den Zwillingsbroten und dem restlichen Fleisch des Gemeinschafts-Friedensopfers von den Priestern verzehrt wurden.

Dieses Mahl konnte nicht im Vorhof stattfinden, der mit Pilgern überfüllt war, sondern wurde wahrscheinlich am Feuerplatz abgehalten.

Die priesterlichen und levitischen Wachen

Der Stamm Levi war gänzlich abgesondert und trug die Verantwortung für den Dienst im Heiligen Tempel: "Zur selben Zeit sonderte der Herr den Stamm Levi aus, die Lade des Bundes des Herrn zu tragen und zu stehen vor dem Herrn, ihm zu dienen und in seinem Namen zu segnen bis auf diesen Tag. Darum sollen die Leviten kein Teil noch Erbe haben mit ihren Brüdern, denn der Herr ist ihr Erbe, wie der Herr, dein Gott, ihnen geredet hat" (Deut. 10:8–9).

Den Leviten wurde befohlen, sich keinen andern Beschäftigungen zu widmen und somit ganz und gar für den Tempeldienst frei und bereitet zu stehen. Ihre Aufgaben umfaßten folgendes: das Bewachen des Tempels, das Öffnen der Türen zu Beginn des täglichen Dienstes und das Schließen der Türen: "Sondern sie (die Leviten) sollen bei dir sein, daß sie des Dienstes warten an der Hütte des Stifts in allem Amt der Hütte . . ." (Num. 18:4). Insgesamt wurden an 24 Standorten des Tempels Wachen abgehalten. Die Mehrzahl dieser Wachen — 21 — wurden von Leviten besetzt und drei von Priestern. Die drei Wachstationen der Priester waren die folgenden: die Kammer des Avtinas, die Funken-Kammer sowie der Feuerplatz. Bei dieses Wachstationen handelte es sich nicht um gewöhnliche Wachstationen oder "Kontrollpunkte," zur Verhütung des Eindringen von Fremdlingen. Sie dienten einzig der Verherrlichung der Ehre und Würde von Gottes Haus.

Bei den ersten zwei Stationen handelte es sich um Bauten, einer hochgelegenen Bodenkammer ähnlich. In der Kammer des Avtinas wurde das Räucherwerk zubereitet, welches auf dem goldenen Räucherwerk-Altar im Heiligtum dargebracht wurde. Sie war nach der priesterlichen Avtinas-Familie benannt, welche mit der heiligen Aufgabe der Zutaten-Zusammensetzung sowie Herstellung des Räucherwerkes betraut wurde. Diese Kammer befand sich an der Südseite des Vorhofes, direkt über dem "Wassertor" (es wurde so genannt, weil am Sukkot — dem Feste des Wassergießopfers — die goldenen Wasserbehälter von dem Siloah-Teich durch dieses Tor zum Tempel hinaufgetragen wurden).

Die Funkenkammer befand sich nördlich des Vorhofes. Dort brannte immerzu ein kleines Feuer, welches die Flamme für das ständig auf dem Altar brennende Feuer lieferte. Die Wachmannschaften der Avtinas-Kammer sowie der Funkenkammer bestanden aus jungen Priestern, welche das Alter zum offiziellen Tempeldienst noch nicht erreicht hatten.

Der Feuerplatz befand sich ebenfalls an der Nordseite, östlich der Funkenkammer. Dabei handelte es sich jedoch nicht um eine hochgelegene Bodenkammer, sondern um einem großen, von einem kuppelförmigen Dach bedecktem Raum. Hier brannte fortwährend ein Feuer, an welchem sich die diensttuenden Priester aufwärmen konnten, nachdem sie sich zur Reinigung eingetaucht hatten.

Der Feuerplatz war auch die Schlafstätte der Priester. Die

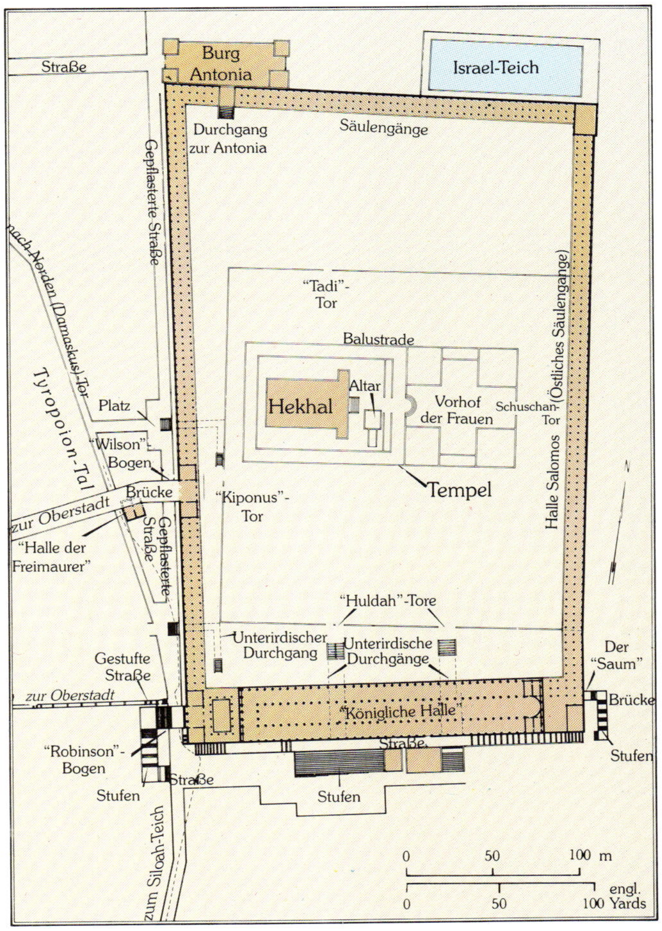

Plan des Tempelberges zur Zeit des Zweiten Tempels.

für den Dienst des kommenden Tages verantwortliche Familie schlief in der vorgehenden Nacht in diesem Raum. Einige schliefen auf dem Fußboden und andere auf speziell angefertigten "Etage-Betten," breite Platten aus gehauenem Stein, welche wie Treppen in der Mauer eingebaut waren. Die Ältern und somit empfindlicheren Priester schliefen auf diesen

Steinplatten, während die jüngeren Priester auf dem Fußboden schliefen.

Die Leviten bewachten die restlichen 21 Stationen. Fünf Leviten-Gruppen hielten an den fünf zum Tempelberg führenden Toren Wache:

Die doppelten "Huldah"-Tore an der Südseite des Tempelberges waren nach der Prophetin Huldah benannt (siehe Könige II, 22:14), welche zur Zeit des Ersten Tempels zwischen diesen Toren gesessen hatte und dem zum Tempel ein- und ausgehenden Volke ihre Prophezeihungen kundtat. Diese zwei Tore fungierten als Hauptein- und ausgang zum Tempelberg. Der Grund dafür war, daß die Gebäude und Aktivitäten sich hauptsächlich an der Südseite des Komplexes abspielten und sich somit der meiste Verkehr auf dieser Seite anhäufte. Deshalb waren auch zwei Tore notwendig, um diesen großen Menschenstrom zu bewältigen.

Das "Kiponus"-Tor an der Westseite war wahrscheinlich nach dem Wohltäter benannt, der den Bau dieses Tores finanziert hat. Einige maßgebende Gelehrten sind jedoch der Meinung, daß das Wort aus dem Griechischen stammt und für Gartenarbeit steht — in der Nähe dieses Tores befand sich nämlich ein Rosengarten. Dieses Tor diente ebenfalls dem ein- und ausgehenenden Verkehr.

Das sich an der Nordseite befindende "Tadi"-Tor wurde jedoch nicht als Durchgang zum Tempel benützt. Einige Gelehrten sind der Meinung, daß es einzig zu dekorativen Zwecken erbaut wurde. Andere sind der Meinung, daß ein versehentlich unrein gewordener Priester (der somit seinen Dienst abbrechen und die heiligen Bereiche des Tempels verlassen musste, um sich durch Eintauchen zu reinigen) den Tempelkomplex unauffällig durch das Tadi-Tor verlassen konnte (laut der aramäischen Übersetzung dieses Wortes, welches "Dezentheit" oder "Geheimnis" bedeutet).

Das sich an der Ostseite des Tempelberges befindende "Osttor" oder Schuschan-Tor trug eine riesige Abbildung von Schuschan (Susa), der Hauptstadt des alten Persiens. Es wurde zu Ehren des Persischen Reiches geschaffen, welches das Lande Israel zu Beginn des Zweiten Tempels beherrscht und ihm die Erlaubnis zum Wiederaufbau des Tempels erteilt hatte. Durch dieses Tor führte der Hohepriester und das gesamte Gefolge von Priestern und Helfern die Rote Kuh zum Salbungsberg (Olivenberg), wo sie für den Vorgang der rituellen Reinigung verbrannt wurde.

Vier weitere Schichten hielten an den innern vier Ecken der Tempelberg-Mauern Wache. Weitere fünf Schichten standen an den fünf zum Vorhof führenden Toren, während weitere vier an den vier äußern Ecken des Tempelbergs standen.

Die restlichen drei Wachstationen befanden sich in der Opferkammer, in der Vorhangkammer und hinter dem Allerheiligsten. Die Lammkammer war einer der vier kleinen Kammern, die sich innerhalb der vier Ecken des Feuerplatzes befanden. In der südwestlichen Ecke wurden die makelfreien Lämmer für die täglichen Opfer gehalten. In der Vorhangkammer wurden die Tempel-Vorhänge gewoben. Der genaue Standort dieser Kammer ist nicht bekannt.

Eine auf archeologische und historische Beweisstücke gestützte Rekonstruktion des Tempelberges zur Zeit des Zweiten Tempels.

Der tägliche Gesang des levitischen Chors

Der levitsche Chor (gegenüber) stand innerhalb der Nikanor-Tore auf einem im Vorhof der Israeliten aufgestellten Podium, dem äußern Altar zugewandt, und sang täglich das Lied des Tages. An Festtagen und Neumondstagen jedoch wurden besondere Lieder gesungen. Musikinstrumente begleiteten das Gesang des Chores, während die diensttuenden Priester das Morgen- und Abend-Weingußopfer auf den Altar gossen. Somit ergänzten die Leviten mit ihrem eigenen Dienst den göttlichen Dienst der Priester. In gewisser Hinsicht war der Gesang der Leviten genauso wichtig für den korrekten Ablauf des Tempeldienstes wie der priesterliche Opferdienst, denn das eine konnte nicht ohne das andere funktionieren. An drei Stellen des Gesangs hielten die Leviten inne. Dann stießen die Priester in die Silbertrompeten und die gesamte im Vorhof versammelte Gemeinschaft warf sich vor der göttlichen Anwesenheit nieder.

Die Reihenfolge der täglichen Lieder hatte eine tiefe Bedeutung. Es besteht ein mystischer Zusammenhang zwischen jedem Lied und dem Tag, an welchem es gesungen wurde. Am Sonntag, dem ersten Tag der Woche, sangen sie Psalm 24, der mit den folgenden Worten beginnt: "Die Erde ist des Herrn und was darinnen ist," denn Sonntag ist der erste Tag der Welterschaffung.

Am Montag sangen die Leviten den Psalm 48, welcher damit beginnt: "Groß ist der Herr und hochberühmt in der Stadt unsers Gottes, auf seinem heiligen Berge. An eben diesem Tag wurde das Wasser getrennt und Gott erschuf das Firmament zwischen dem oberen und untern Wasser" (Gen. 1:6–7).

Am Dienstag sangen die Leviten Psalm 82, der damit beginnt: "Gott steht in der Gemeinde Gottes und ist Richter unter den Richtern," denn an diesem Tag der Erschaffung wurde das Trockenland sichtbar. Auf diesem Land stehen die Richter und fällen ihre Urteile.

Am Mittwoch sangen sie Psalm 94, welcher damit beginnt: "Herr, Gott, des die Rache ist, Gott, des die Rache ist, erscheine!" Dies war der Tag, an welchem Sonne, Mond und Sterne erschaffen wurden. In der Zukunft wird Er diejenigen Götzendiener richten und rächen, welche diesen Gestirnen gedient hatten, als wären sie Götter.

Am Donnerstag sangen sie Psalm 81, der wie folgt beginnt: "Singet fröhlich Gott, der unsre Stärke ist; jauchzet dem Gott Jakobs." An diesem Tag wurden Lebewesen erschaffen. Wenn wir die unzähligen Varianten und die Vielfalt Gottes Werk wahrnehmen, erfüllt uns Ehrfurcht und Erstaunen und wir sprechen dem Schöpfer unser Lob aus.

Am Freitag sangen die Leviten den Psalm 93, der wie folgt beginnt: "Der Herr ist König und herrlich geschmückt," an diesem Tage wurde die Welterschaffung gekrönt und vervollständigt. Am sechsten Tag nämlich wurde der Mensch erschaffen und einzig er kann Gottes wahre Größe erkennen. Nur der Mensch besitzt die Möglichkeit, des Schöpfers Herrschaft zu verstehen und diese zu akzeptieren.

Trompetengeschmetter, mit dem Moriahberg und dem Heiligen Tempel im Hintergrund.

Am heiligen Sabbath sangen die Leviten Psalm 92: "Ein Psalmlied auf den Sabbattag." Die Gelehrten Israels lehrten, daß es sich dabei um einen Psalm der zukünftigen, perfekten Welt handelt, "der Tag der gänzliche Sabbat-Ruhe ist, für ewiges Leben."

Die Harfe, Leier und Trompeten spielten im täglichen, von den Leviten im Heiligen Tempel vorgetragenen Lied eine bedeutende Rolle.